商业银行经营管理人员阅读经典译丛

Banker's Guide
TO NEW SMALL BUSINESS FINANCE

VENTURE DEALS,CROWDFUNDING,
PRIVATE EQUITY,AND TECHNOLOGY

银行小企业融资
创新指南

——风投交易、众筹、私募股权投资和科技进步

查尔斯·H. 格林（Charles H. Green）◎著

于东智 李刚 李伟平◎译

WILEY　　中国金融出版社

责任编辑：戴 硕 李 融
责任校对：刘 明
责任印制：程 颖

图书在版编目（CIP）数据

银行小企业融资创新指南（Yinhang Xiaoqiye Rongzi Chuangxin
Zhinan）——风投交易、众筹、私募股权投资和科技进步/查尔
斯·H. 格林（Charles H. Green）著；于东智，李刚，李伟平
译．—北京：中国金融出版社，2016.5
（商业银行经营管理人员阅读经典译丛）
ISBN 978－7－5049－8487－6

Ⅰ.①银… Ⅱ.①查…②于…③李…④李… Ⅲ.①商业银行—
中小企业—企业融资—银行业务—指南 Ⅳ.①F830.33－62

中国版本图书馆 CIP 数据核字（2016）第 071145 号

出版 中国金融出版社
发行
社址 北京市丰台区益泽路 2 号
市场开发部 （010）63266347，63805472，63439533（传真）
网上书店 http://www.chinafph.com
（010）63286832，63365686（传真）
读者服务部 （010）66070833，62568380
邮编 100071
经销 新华书店
印刷 北京市松源印刷有限公司
尺寸 169 毫米×239 毫米
印张 16.25
字数 196 千
版次 2016 年 5 月第 1 版
印次 2016 年 5 月第 1 次印刷
定价 38.00 元
ISBN 978－7－5049－8487－6/F.8047
如出现印装错误本社负责调换 联系电话 （010）63263947

本书献给那些孜孜不倦地从事各类具体工作，为小企业提供融资的人士。所有这些贷款人和经纪人需要经历不计其数的会谈、回答成千上万个问题，以及跋涉千山万水，他们的工作足迹遍布洗衣店、便利店、多纳圈店、面粉厂、装货码头、殡仪馆、牙医诊所、制造工厂、汽车旅馆，以及大街上的其他每一个场所。

颠覆性创新允许低端消费者成为全然一新的消费群体，并转向那些历史上仅对非常富裕和有才能的消费者开放的产品和服务。

——克莱顿·克里斯坦森博士

致　　谢

　　每一本著作的完成都需要众多智慧成果的集合，虽然我以前已经出版了六部著作，但本书是最具有挑战性的，因为本书把我职业生涯（银行业）的主要经历与我们都必须要应对的云技术结合了起来。

　　我想对本书做出贡献的诸多不同领域的人士，表示感谢。你们所提供的关键环节有助于使本书前后连贯、浑然一体。这些人士包括：罗尼·斯堪斯曼（Rodney Schansman）和劳拉·斯特格曼（Lara Stegman，就职于 FTrans. com），约瑟夫·巴里森齐（Joseph Barisonzi，就职于 CommunityLeader. com），布洛克·布莱克（Brock Blake）和泰·吉赛尔（Ty Kiisel，就职于 Lendio. com），鲍勃·科尔曼（Bob Coleman，就职于 Coleman Report），罗伯特·格洛瑟（Robert Gloer，就职于 IOUCentral. com），萨拉·沃特金（Sara Watkins）和纳塔利·瓦格特（Natalie Waggett，就职于 nCINO），斯科特·桑德福（Scott Sanford，就职于 LendingClub. com），以及里贝卡·尼科迪默斯（Rebekah Nicodemus，就职于 Atomic PR）。

　　我要特别感谢艾丽西亚·巴特勒·皮埃尔女士，她为本书提供了说明性图表，便于将本书的信息更生动地表现出来。

　　最重要的是，我要感谢我的贤内助安吉拉·埃德蒙（Angela Edmond），从早期讨论的各种观点到本书的最终成稿，她的建议和鼓励让我受益匪浅。

　　最后，我对我的父亲约瑟夫·亨利·格林（Joseph Henry Green）（1919—2005 年）致以特别的敬意，他教会了我如何衡量金钱和创业的价值。

作者简介

查尔斯·H. 格林是一位经验丰富的商业银行家，拥有超过 30 年的从业经验，绝大部分的职业生涯都专注于小企业融资。他创立了亚特兰大旭日银行（Sunrise Bank of Atlanta），并担任该银行的董事长和首席执行官。目前，查尔斯为多家金融服务业公司提供咨询服务。

查尔斯撰写了大量有关企业融资的文章和书籍，包括《现在就获取融资》（*Get Financing Now*，2012），以及最畅销的《小企业管理局贷款手册》（第三版）（*The SBA Loan Book*，2011）。他于 1979 年获得了阿拉巴马大学金融学学士学位，并于 2009 年获得了斯通尼尔国立银行学院的毕业证书。

查尔斯还通过多种渠道教授企业融资，包括斯通尼尔国立银行学院，美国银行家协会的商业贷款学院，威斯康星大学银行学院，以及科尔曼小企业管理局的在线研讨会。

图表作者

艾丽西亚·巴特勒·皮埃尔（Alicia Butler Pierre）是 Equilibria 公司的首席执行官，这是一家专门从事流程与系统管理，以此帮助企业减少损耗和降低运营风险的运营管理公司。1999 年，她获得了路易斯安娜州立大学授予的化学工程专业理学学士学位，并辅修了技术销售和化学专业。2004 年，她获得了杜兰大学授予的市场营销与管理专业的工商管理硕士学位。

译者简介

　　于东智，管理学博士，副研究员，中国农业银行香港分行副总经理，中央财经大学会计学院客座导师，首都经贸大学会计硕士兼职导师。曾先后供职于中国工商银行、中国农业银行，参与了两家银行的重组改制及上市工作，并于 2011 年在剑桥大学完成金融管理证书班培训。曾在《中国社会科学》、《经济研究》等学术期刊发表论文多篇，出版多部专著及译著。

　　李刚，金融学博士，副研究员，通过 CFA 三级，获英国剑桥大学高级管理培训证书，中国人民银行青年委员，现任中国农业银行金融市场部处长，具有多年利率、衍生品、外币及货币市场的交易和管理经验。曾获 2008—2010 年《证券市场周刊》宏观经济预测"水晶球"奖、中国银行间市场优秀交易主管。曾在国内外期刊、报纸发表文章多篇。

　　李伟平，金融学博士，中国邮政储蓄银行资产负债部综合计划处副处长。曾先后供职于明天控股集团、太平洋证券和中国农业银行。曾在《金融研究》、《经济评论》等学术期刊发表多篇文章，出版多部专著及译著。

中文版序言

博闻广志　虚心若愚
促进中国银行业持续变革

中国人民银行副行长　潘功胜

在新的发展阶段，面对国内外经济金融形势严峻复杂、利率市场化快速推进、金融脱媒不断加剧、监管要求日趋严格等新情况和新问题，中国银行业面临的挑战愈加复杂化、多元化。这要求中国银行业在全面深入推进自身战略转型的同时，也要加强对全球银行业科学发展规律的认识，加强对国际领先同业先进经验的学习，从而为中国银行业的持续变革和稳步发展，探寻出行之有效的发展战略和实施路径。

一、中国银行业步于崭新的历史发展起点

经过多年卓有成效的改革与发展，中国银行业发生了前所未有的制度变迁，取得的成就有目共睹。但是，回顾改革开放三十多年来的改革历程，中国银行业的发展之路并不平坦。20 世纪 70 年代末期，中国启动了从计划经济体制向市场经济体制的历史性转型。由

于经济转轨的成本缺乏有效的制度性安排，加上外部环境及自身管理水平等诸多原因，中国银行业积累了巨大的风险。脆弱的银行体系困扰着中国经济发展，成为金融稳定与经济增长的潜在威胁和重要瓶颈。尤其是经历了 20 世纪 90 年代末的亚洲金融危机之后，中国的经济增长和银行业发展受到严重冲击，银行业积累了大量不良资产。对此，西方媒体曾经悲观地认为，中国银行业在技术上已经破产。

面对严峻的形势和挑战，国家下定决心对银行业进行改革，破解银行业发展难题和挑战，提高银行体系的竞争能力。经过多年的努力，中国银行业经历了成功的管理改革与战略转型，实现了跨越式的发展：商业银行的体制机制改革和公司治理建设取得突破，风险内控管理水平和风险抵御能力得到明显改善，转变增长方式取得进步，行业综合竞争实力获得显著提升。尤其是，多年来改革发展积淀的实力与力量，让中国银行业成功经受了本次国际金融危机的严峻考验，这不仅维护了中国经济的稳定，更提振了亚洲乃至世界的信心。

"要把银行真正办成银行"，这是改革开放之初小平同志对银行业改革发展提出的期望和要求。毫无疑问，经过改革开放三十多年来艰苦卓绝的改革发展历程，从被海外认为已经技术性破产，到现在综合竞争实力显著提升，中国银行业正在稳步向真正的银行转变，正在走出一条具有中国特色、符合自身实际的科学发展道路，正处于一个新的历史发展起点。

二、中国银行业未来发展仍然任重道远

虽然中国银行业改革发展取得的成就令世人瞩目，但与我们的目标相比，与实体经济对银行业的巨大需求相比，与国际领先同业

的标杆相比，中国银行业仍需要保持快速稳健发展。我们必须清醒地认识到时代赋予了中国银行业前所未有的机遇，也提出了更加严峻的挑战，我们也必须正视中国银行业与国际先进银行存在的差距，中国银行业的未来发展依旧任重道远。

首先，中国银行业发展仍面临诸多严峻的挑战。国际金融危机导致中国商业银行的经营管理面临前所未有的复杂环境。从宏观经济环境看，经济下行风险加大，经济结构调整迫在眉睫，经济转型任重道远，中国银行业的改革发展将面临诸多难以预见的风险，这对商业银行强化风险管理和提高盈利能力提出了高要求，未来的经营管理难度加大。从金融改革与行业变革看，随着金融市场改革开放不断深入，金融脱媒趋势加剧和利率市场化改革加速对商业银行的经营模式带来冲击。前者导致"银行主导型"的市场格局正在发生根本改变，银行业面临存款与客户流失、流动性风险管理难度加大等经营压力；后者导致商业银行存贷款利差空间缩小，风险定价能力、产品创新能力和盈利水平面临巨大考验，发展模式急需转型。从监管要求看，金融危机爆发后，二十国集团（G20）主导推出了全球金融监管新框架，对全球银行业发展提出了更加严格的监管要求，我国也不断完善金融监管体系，推出了新资本管理办法，市场化监管力度不断加大，这不仅对商业银行资本管理能力提出严峻挑战，也对公司治理、风险管理、内部控制、金融创新等提出更高要求。

其次，中国银行业与国际先进银行相比仍存在一定的差距。与国际先进银行相比，中国银行业的差距仍是多方面的，有管理工具方面的，有人员素质方面的，有体制机制方面的，但追溯经营管理中存在问题的根源，这种差距更多、更直接地体现为经营管理理念上的不足。这些经营管理理念上的不足集中反映为两个方面：一是片面追求规模扩张的粗放式增长理念仍然存在；二是资本约束理念尚未真正确立，对资本必须覆盖风险，进而限制银行"规模冲动"和"速度情结"的认识仍不充分。这种理念上的"软肋"导致商业银行的发展模式和增长方式存在缺陷，导致商业银行的发展速度、规模、质量、效益难以协调统一，风险与收益、短期利益与长期价值难以统筹平衡，从而直接影响商业银行的市场竞争力和可持续发展能力。

内外部经营环境的剧变，推动中国商业银行的经营管理步入了一个大变革时代。适应新形势，探索新道路，成为中国银行业必须思考的重大课题。

三、通过学习和借鉴促进中国银行业持续变革

在未来前进的道路上，我们还会面临这样或那样的情况和问题，还会遇到这样或那样的风险和挑战。未来永远是不确定的，变化本身却是永恒的，而学习则是从中寻找到确定性规律的唯一渠道。站在新的历史起点上，面对一个全球经济体系和金融格局迅速变化的时代，在探索和选择中国银行业持续变革的战略与路径时，我们迫切需要学习，需要客观评价自身的能力和不足。我们需要用开放的态度和辩证的思维，去了解和把握全球银行业理论与实践的最新进展和动向，去学习和借鉴国际银行业经营管理方面的先进理念和领先实践，去洞悉和领悟国外先进同业在经历危机沉淀后形成的一切有价值的经验和方法。我们需要在实践中学习，在学习中借鉴，在借鉴中把握未来，有效促进中国银行业的持续变革和稳步发展。

在这种背景下，中国金融出版社组织发起出版商业银行经营管理人员阅读经典译丛，我觉得这是一件非常有意义的工作。译丛精选的大多是国外近年来最新的商业银行经营管理理论和实务的经典著作，这些著作及时、动态、全面地反映了当前国际银行业经营管

理的理论前沿和实践动向，能够让我们看到经历危机的西方商业银行是如何思考、如何行动、如何调整的，这有助于我国银行业经营管理人员更好地开拓国际视野和提升专业素养，也是正处于改革和发展新起点的中国银行业从业人员十分需要的。

"博学之，审问之，慎思之，明辨之，笃行之。"伴随着经济发展和科技进步，银行业的发展也日新月异，知识理论的更新更是一日千里，借此商业银行经营管理人员阅读经典译丛出版之际，我衷心希望中国商业银行的经营管理者们能够进一步博闻广志，求真务实，求知若饥，虚心若愚，既要深植于中国经济土壤之中，又要吸收借鉴他人之经验教训，强化战略思维，树立世界眼光，提高对银行业科学发展的规律性认识，在科学发展观的指引下迎难而上，奋勇向前，共同开创中国银行业基业常青之事业。

前　　言

本书对于银行业经营实践的介绍内容，已经超出了大学校园中讲授的高级金融课程的边界。书中的内容来自笔者首个银行岗位的工作实践，来自大量的数据表格信息，这些表格通常右边是空白列，左边相邻列是匹配的会计术语。这些数据表格是试算表，被设计成用来分析银行从成百上千的企业客户手中收集的财务报表数据，依据客户和银行签订的贷款协议，客户有义务向银行提供相应的财务报表。

这些数据表格的汇总信息来自大量的令人乏味的不同年代、不同规模和不同混乱程度的档案夹。这些档案夹收录了银行在发放每一笔贷款前都需要参考使用的证据。实际上，在这些档案夹中，有些收录的财务报表是完整的，有些则缺失相应的财务报表。

我的新生活目标很明确，那就是阅读每一份财务报表，用铅笔进行标注，将报表上的每一个账户所列示的数字录入该客户对应的试算表中的单元格里。想到未来要完成的工作量，我的手也渐渐开始疼痛，我开始不停地问自己，我应该主修经济学吗？

这些试算表被设计成能展示大量的细节信息。试算表的正面是四个年度的资产负债表，反面是四个年度的利润表，按照年度顺序从左至右加以列示。试算表反面的底部展示了一些财务比率以计量公司的营运资本、流动性和杠杆状况。更令人印象深刻的是试算表正反面的第五列，用于展示每一个财务账户的最近一年的行业均值。这些行业均值信息大量地是从罗伯特·莫里斯协会（现称为风险管理协会）发布的财务报表研究（其 1979 年的版本价格为 29.95 美元）中收集整理来的。

我的老板认为借助财务分析，他的小镇银行终于可以和本行业的佼佼者（比如货币中心银行）①进行竞争。多么精妙的想法！但是一些人则对雇用一名没有借贷或商业经验的大学毕业生对已经做出的信贷决策进行事后评论或发表意见的做法怨声载道。诚然，他们的意见并无过错，在后续的业务开展中，我深刻地认识到了这一点。在我所参与的首次贷款复核讨论中，一名银行最高级别的贷款审批人（即银行的董事长）也参与其中，他耐心地向我传授了许多必须要掌握的业务知识。

于是，我开始全面接触"这些数字"，直到今天这些数字仍然是客户信息的核心内容，需要利用它们来判定一项融资交易的风险和回报。与我早期职业生涯的工作经验相比，目前除了使用微软的 Excel 或其他计算软件之外，其他工作内容并未发生多少实质性改变。在我开始早期职业生涯时，甚至一些小型银行在向客户发放贷款时，已经开始整合更多的信息，以便进行更为全面的分析。

多年来，科技进步使得商业银行能够以令人惊奇的效率发起、集聚、管理、传输和记录现金与非现金业务，这些科技手段极大地降低了运营成本，提高了生产效率，改善了安全性，并节约了成千上万的森林资源。在 20 世纪 70 年代的大学校园生活中，我曾从事

---

① 货币中心银行（money center bank）指能够从事全球化经营和批发业务的大银行，借贷对象为政府、机构和其他银行，而非消费者。比如，花旗、J. P. 摩根大通和美国银行都属于此类银行。

了一份学校财务主管办公室的兼职工作，这份工作使得我能够接触支票注销机，这种机器只需几分钟就能够在成千上万的学生付款支票上打上"仅限转账"的标记，同时能够捕捉这些支票的正反面影像并复制于缩影胶片以便于备查。

但很奇怪的是，对于银行家而言，将任何一项技术应用于其核心业务（信贷业务）都极为困难。目前，虽然可以在线订购资信报告和使用一些财务分析平台软件进行分析，但商业借贷业务仍然需要大量的人工录入，信贷业务是银行最后一个尚待技术革命的领域。

即便是现在，小企业主向银行申请贷款时，还是很可能被要求提供一份手写的申请表、个人的财务报表以及一长串信息的复印件。两名或两名以上的工作人员负责处理这些文件，他们阅读、分析、抄写、复印、归档及检索这些材料。结果往往是由于归档错误和文件遗失，银行浪费了宝贵的时间和信息。

筛选潜在贷款时要求借款人提供更多信息的现象愈演愈烈，信息遗失就是这一现象的副产品。由于这些信息都是书面正式存在的信息，遗失信息又进一步恶化了本已存在问题的分析系统。

对于绝大多数银行而言，忽略一些信息是解决艰巨的信息处理流程的一条捷径，可以更有效地提高管理效率。比如，用于收集和解释许多必要信息的在线门户网站，可以按年编辑修改的数字化财务报表，一个用于储存全部贷款申请数据的集中化数字归档系统，其处理方式与几十年来银行存储支票的做法相同。

2008年的全球金融危机对整个银行业形成了严重的冲击，绝大多数银行都逐渐从这场危机中恢复过来，他们仅仅保守地修复受损的资本（补充资本），处置大量的有问题的贷款组合，努力使业务回归到 2006 年的正常经营状态。但问题是时光荏苒，目前已至 2014 年。专注于经济复苏也意味着延缓对科技投资和系统升级的决策。

伴随着科技的飞速进步（回想起苹果公司就是在金融危机后发布的 iPad）和在后"债权抵押证券"时期投资者在全球范围内发掘新的金融投资机会，一个有趣的现象随之出现：即私募股权发掘了小企业借贷业务。这是商业银行长期独家垄断的强项业务，私募股权在原有的银行融资业务领地上打开了一个缺口。

由于银行在金融危机后不情愿或没有能力开展看似风险适度的小企业借贷业务，这个缺口正在不断地扩大。与此同时，小企业融资来源在繁荣发展，小企业也可以通过一些设计精妙的技术平台来获取融资，这些都使得通过银行申请贷款成为历史。

具有讽刺意味的是，对于银行而言，自 2008 年以来那些经营状况良好并且具有融资吸引力的小企业的数量是非常有限的。如同大鱼吃小鱼一样，渴望盈利资产的银行对这些客户的竞争异常激烈。许多银行家与我分享了一些故事，这些故事是关于一些紧张的贷款谈判过程的。有时为了达成交易，这些贷款都以极低的价格定价，甚至会导致银行出现负的贷款手续费收入（将手续费返利给客户）。获得贷款的公司一定会短暂地享受在融资天堂里徜徉的感觉。

与此同时，许多多年来能够获取足够融资的企业现在却不得不寻求其他的非银行类放款人，仅仅是为了获取发展所需要的资金，这些企业乐于支付合计相当于年利率 30% 至 70% 的贷款利息和费用。最有趣的事实是，绝大多数这类放款人所承担的贷款损失并未超过商业银行，但是其获得的收益确实高于商业银行。

确实在最近十年间，许许多多的融资公司开始涌现，这些融资公司通过一些非常具有创新型的方式来提供商业资本。总体上来说，他们实质上重新审视了每一项传统的银行信贷惯例，比如，如何确定贷款对象，如何分担风险，如何为风险定价，如何签订信贷协议，如何回收款项，甚至包括如何进行贷款融资。

如同近些年出现的许多其他新技术，这个行业也有自身伴随的商业支持产业，这些产业支撑产生和支持有发展前景且有融资意愿的用款者，但并不介意其向何处寻求融资。

那么，这些放款人是谁，他们来自于何处？他们的部分成员仅仅是由一些更经验丰富的想法演化而来的。比如，信用卡账贴现公司，① 产生于 20 世纪 90 年代，随之出现的现象是这些公司有更强烈的意愿去接纳更好的技术。

部分此类放款人事实上正在切入使用尖端技术，这些技术已经产生了专门的服务平台、新型的承销理论和有趣的战略以管理信用风险。这些放款人的融资来源包括私募股权、贷款销售以及以一种更有限的方式，即当它们开始获取早期的成功时通过一些银行融资。

该领域内的一些公司正在接纳一些尚在演进中的理念，比如众筹，接纳更多的小型投资者。这些小型投资者的投资动机各不相同（从认同到着迷），其风险偏好的差异也非常大（从可衡量的风险到我们所担心的风险）。围绕众筹概念的融资渠道日渐增长，它们正在为新老企业、初创公司以及一些以获取利润为目的的好想法提供资

---

　　① 译者注：卡账贴现专为任何规模采纳信用卡交易的商户而设，透过购买其未来的信用卡账而预支资金。无论客户需要营运资金、装修、扩展业务、添置器材、增加库存、广告宣传、缴交费用，或其他任何业务相关的用途，卡账贴现服务都可助其一臂之力。卡账贴现是一项崭新的资金来源，可为客户的业务提供资金。最重要的是，卡账贴现不是贷款，没有特定的付款额及付款周期。卡账贴现公司会通过贴现方法购买客户业务的未来信用卡账，付款则按商户每日的信用卡营业额固定比率，直接由收账银行或机构自动扣除，非常灵活和方便。

本。顾名思义，来自"大众"的融资来源几乎是匿名的。

我们将此类贷款人称为什么呢？许多业内人士、观察家和专家学者都使用令人乏味的标签"另类放款人"，用于描述此类日益增长的利用独特的贷款模式、目标客户或融资来源融资的投资人和放款人，以区别于其他的投资人和放款人。

我拒绝使用上述头衔，因为人们已经使用这个头衔二三十年了，以用于描述相对于商业银行而言另外两个业务范围更为狭窄的兄弟融资渠道，它们分别是资产保证型贷款（ABL）和应收账款保理。对我本人而言，这个新的行业明显不同于原有的业务领域，因为原有的业务领域并未对技术进步、产品改善或者延展一个已界定的市场表现出足够的兴趣。

另外，这个老旧的行业名称，也排除了那些正在发展中的分支公司，而它们则是新兴的融资渠道和传统的借贷公司的重要增长级。

可能对我而言，这个词过于专横。因此，我建议将这类融资业务命名为创新型融资行业。

银行业对这个井喷式发展的以创新型融资命名的新型融资前沿做何反应呢？我会将此类反应描述为怀疑、抵制或轻视，但奇怪的是，它们绝大多数并未被发现。甚至没有人知悉它们位于何处。

在最近三年中，我培训了成百上千的放款人。在培训过程中，我向许多参与者询问了何为他们心目中的科技驱动型的放款人。我抛出一些公司的名字，比如最古老的创新参与者（自2004年以来），最张扬的公司，或者最大型的银行。我发现甚至很少有人听说过这些公司或这些已达到1000亿美元融资规模的新兴行业。

诚然，商业银行并未对 1000 亿美元中的绝大部分提供任何融资，这些新兴融资的合计总额也并未对目前美国商业银行资产负债表上的总计 3 万亿美元的商业房地产贷款和工商业贷款构成威胁。但是这些新兴融资却以任何人都难以预料的速度在迅速发展。

我对这个新兴行业有着浓烈的兴趣和好奇心，写作本书是此方面的一个实践，我试图通过记录其主要的历史发展脉络以用于理解其可能的发展轨迹。依据我的商业银行家的职业生涯轨迹，本书第 1 章提供了一个最近几十年传统银行业如何为小企业主提供融资服务的基本脉络（至少从我进入这个行业开始）。

第 2 章介绍了开展小企业贷款业务面临的挑战，并阐明这些挑战如何为这些新兴的创新融资集团提供了机遇。最大的障碍可能仅仅是一些限制性的要求，这些限制施加于所有这些必须用于投资的廉价储蓄资金，而这些资金受到联邦存款保险公司（FDIC）的保护。

第 3 章介绍了我对后危机时代（2008 年）资本市场中一些新变化的看法以及我们目前应如何达到目标。尽管政策制定者和市场参与者齐心协力，由于在曾经可以信赖的银行业缺乏可行的选择，小型的实体经济业务仍然被迫去寻求其他投资。对于本书后续部分中将要阐述的许多革新性投资人而言，这段时期是再好不过了。

作为背景材料，我在第 4 章中对于数字化市场的变化提供了一个外行人的解释，这些变化将收窄许多银行贷款者的经营领域，而这些银行贷款者看起来尚未意识到一场威胁其市场份额的营销革命。第 5 章介绍了当私人投资者面对低利率、恐怖的股票市场以及天使投资市场中日益激烈的竞争时，这场完美风暴是如何发生的。

第 6 章讨论了在前所未有的数据收集、打包以及分发同时出现的情况下，前文所描述的环境变化。此类聚合产生出了一系列新的想法，它们开始流入市场，并引入不同的方式将资金分配给个人和小企业主。

第 7 章介绍了新的行业，这些行业的投资人和放款人已经开始将资金提供给不同类型的借款人以分食原有的业务蛋糕。第 8 章讨论了在众筹（一个影响力已遍及全球的老想法）持续发展的情况下，捐赠人、革新者、贷款同行以及投资者的变化。

第 9 章讨论了其他创新型的放款人，他们应用的技术可能是传统的，但是他们已经引入了一些新方法将资金贷给特定的企业，此类情况的增长也将会对资本性资产逃离商业银行产生影响。

将资金和借款者链接在一起的服务提供商群体日益增长，第 10 章介绍了这一群体的情况，并分析了该群体的业务领域。

第 11 章从一名经验丰富的银行家视角出发，从不同的方面努力探索了银行业的新发展和新变化。对于银行业而言，这些挑战是真实的且极具威胁性，同时它们也将为许多银行提供增加市场份额、盈利性以及除贷款业务外的其他收益的机会。

综观全书，我们经常使用术语"投资人"和"融资"分别描述将资金提供给中小企业主的资金融出方和将资金转移给中小企业主的业务过程。人们更容易默认这些通用术语，而不必经常去澄清赠予、贷款、非贷款融资和权益投资之间的差异。

一些读者可能会问，非贷款融资与权益投资之间有何差异？非贷款融资是一项承诺，即许多新型公司（特别是信用卡账贴现公司）提供的商业性融资，这些融资按照法律规定的结构进行发放或者被定义为预付以及用于应收账款、收入流或者其他资产的购买。通常，这些公司并没有在任何一个州的银行业或金融业监管机构注册，也没有在任何地方被确认为放款人。相应地在法律意义上来说，它们也不能合法地发放贷款。

所以，现在需要马上阅读本书的内容。对于银行业而言，无论其规模大小，此刻是一个绝好的机会，可以借此了解这个正在形成中的市场，积极主动地应用新技术以服务于客户，从而维护和扩大市场份额，在创新型融资这个美好的新领域中获取天然的先发优势。

目 录

第一部分　小企业融资调查

第三部分　小企业融资的数字技术驱动力

第一部分　小企业融资调查

第1章　如何为小企业提供融资

在美国2700万户企业中，99%的成员为小企业（尽管75%的此类企业并没有雇员）。小企业的销售额为全美的40%，这创造了美国50%的国内生产总值（GDP），吸纳了55%的非政府部门劳动力。从这个角度上看，小企业才是真正的大生意。

在过去的20年中，小企业为美国提供了2/3的新增就业机会，但是如何获取所需的资金仍然是绝大多数小企业主和企业家们需要持续面对的挑战。同时，以逆向思维思索这个问题，当贷款规模萎缩而不是增长时，至少就商业银行来说，融资业务本身也面临着更多的挑战。

何谓小企业？

围绕小企业融资的部分困惑是，对于何谓小企业而言，尚未有一个清晰且为绝大多数人认可的定义。联邦政府将定义小企业的任务交与美国小企业管理局（SBA），该局对此项任务进行了分层处理，任何需要寻求该问题答案的人们都有必要浏览一份46页的行业代码列表，用于判定所认同的答案。

小企业管理局仅仅依据对相对业务规模的判定来定义小企业。即便这样，判定相对业务规模时，也可以依据不同的分类再细分使用不同的判别因子。北美工业分类系统（NAICS）明确定义了每一项业务种类，小企业管理局则为它们设定了相应的限额，通常用年度收入上限或雇员上限来表示，以用于判定它们是否为官方认定的小企业。

依据小企业管理局制定的小企业规模标准表，对于干豌豆和大豆种植业，年度收入上限为75万美元的企业可认定为小企业；而对于海运装卸业而言，年度收入上限为3500万美元的企业才可认定为小企业。与此同时，标准表也按雇员人数对一些行业的小企业认定标准做出了规定。比如，雇员上限为100人的轮胎批发商可认定为小企业，而雇员上限为1500人的飞机制造企业仍可被认定为小企业。

也有一些行业依据一些计量指标来认定小企业。比如，年度兆瓦小时（发电业）和资产总量（信用中介行业）。

标准表在19个行业和90个子行业中划定了1000种类别，这必然为资金供给者调配资源的过程提供更多的障碍。但是大量的民间借贷公共政策都依赖于这个划分标准，小企业管理局制定了一种给人以深刻印象的规模标准方法①以用于指导这些判定因子的计算。我们可以在小企业管理局的官方网站上查询到这种方法，也可以于几乎任何时候、基于各种考虑利用其来进行复审分类的适当性。

许多尚未对此迷失的人们在配置资金时还产生了其他的困惑，这是由简单地列示一份全部的业务分类标准所导致的。至少对于现存的公司而言，这个出发点可能是需要核对标的公司的联邦税收返还，以了解这些公司是否符合美国国税局（IRS）的要求。美国国税局要求业务申请人在1120和1120S表格中填写"业务活动代码"，我们可以在相应的填写说明中发现这些北美工业分类系统代码

---

① 美国小企业管理局，"规模分类标准方法"，www. sba. gov/content/size - standards - methodology（于2013年9月1日访问获取）。

清单。①

但是，通常由企业主和报税员所提供的分类有时会出现错误。许多企业主仅仅是由于不愿意阅读一长串的企业分类，而选择他们首先看到并认为合理的相应分类。许多高额税收优惠的报税员仅仅是基于客户的过往情况或有限的经验来进行推测，并据此判断具体的企业分类。

围绕小企业定义所产生的诸多困惑来源于信息社会大量的信息交互、公共政策的角色、激励经济增长的广告、对金融部门的规制以及发现资金来源的努力等之中。

表 1.1　　　　　　　　　　　　小企业的规模标准

北美工业分类系统代码	北美工业分类系统的行业描述	规模标准（年度收入，百万美元）	规模标准（雇员数）
子行业 541——专业及科技服务			
541110	律师事务所	10	
541191	产权归属与争议处置事务所	10	
541199	其他法律服务	10	
541211	注册会计师事务所	19	
541213	税务筹划事务所	19	
541214	薪资服务中介	19	
541219	其他会计服务	19	
541310	建筑服务	7	
541320	景观建筑服务	7	
541330	工程技术服务	14	
例外	军事和航空装备以及军用武器	35.5	
例外	根据国家能源政策法案提供的工程服务合同及子合同	35.5	

① 美国国税局，"1120S 表格填写指引"，www. irs. gov/pub/irs – pdf/i1120s. pdf（于 2013 年 9 月 1 日访问获取）。

北美工业分类系统代码	北美工业分类系统的行业描述	规模标准（年度收入，百万美元）	规模标准（雇员数）
例外	海洋工程和造船	35.5	
541340	起草文书服务	7	
541350	建筑监理服务	7	
541360	地球物理测绘服务	14	
541370	测绘科学与技术（除地球物理学外）	14	
541380	测试实验室	14	
541410	室内设计服务	7	
541420	工业设计服务	7	
541430	平面设计服务	7	
541490	其他专业化的设计服务	7	
541511	自定义计算机编程服务	25.5	
541512	计算机系统设计服务	25.5	
541513	计算机设备管理服务	25.5	
541519	其他与计算机相关的服务	25.5	
例外	信息技术增值经销商		150
541611	行政管理和综合管理咨询服务	14	
541612	人力资源咨询服务	14	
541613	市场营销咨询服务	14	

资料来源："小企业规模标准表"，美国小企业管理局，21. www. sba. gov/sites/default/files/Size_ Standards_ Table. pdf。

　　银行业巨头们开展了以小企业客户为目标的大规模的营销活动。除信贷产品外，小企业也在寻求其他种类丰富的银行服务，如支票账户、收单处理、薪酬管理。但是，这些如火如荼开展的营销活动也使得这些银行业巨头们声名狼藉。因为并没有人事前澄清这些营销活动与信贷审批之间的关系，营销活动通常会导致贷款申请激增，而这些激增的需求往往最终被银行拒贷。

与之类似，当政治家们制定了一系列宏大的立法以激励经济增长或提供更多的融资时，围绕着政策受益标的产生的困惑也随之出现。比如，近些年来国内出现的围绕所得税减免的有关争论，就已经引用了需要减免"小企业主"繁重的税收负担的例证。

这些措辞会使人们脑海中显现出社区咖啡馆或便利店的有关景象，进而能够为提案争取到有价值的民众支持。但是实际上，政治家们可能正在应年收入为 5000 万美元的对冲基金管理人的要求而开展上述的工作。由于对冲基金的组织形式为小型企业（S - corporation）或有限责任公司（LLC），这些管理人完全有权拥有一个小企业主的头衔，但是很明显，这个头衔掩盖了如下事实，一名非常富裕的人士正在享有税收减免的利益。

相对于对冲基金而言，在政治家、监管者和有关企业呼吁增加贷款规模的压力之下，仅通过利用联邦存款保险公司（FDIC）的季度财政报告对小企业的描述与小企业管理局所定义的小企业贷款之间的差异，许多大型银行就能够非常容易地操纵要求增加的贷款额度以显示其向小企业领域发放了更多的贷款。在当前的公共关系管理中，人们似乎已经将技术性舞弊视为一场公平的游戏。

无论如何，那些最常受所有标签和困惑影响的依然是小企业自身。总体而言，小企业的财务管理通常并不完善，更谈不上寻找熟悉的第三方融资渠道。

除了一些披露的现金余额和应补税款的数字之外，有相当部分的企业主不能进一步从财务报表和纳税申报表中获取更多的信息。基于业务发展发掘合适的融资来源通常超出了他们的识别技巧。所以，当看到或听到"企业融资"的字眼时，他们通常会将目光转向他人。

借款人与放款人之间存在着一个最根本的困境，即需要获取融资的企业主往往缺乏认知性的金融知识。通过观察大公司的银行账户对账单，绝大多数小企业主都会惊诧于大公司的业务规模和复杂性。许多小企业主甚至错误地认为，"如果年末公司的银行账户中存有现金，那么就说明这些公司是盈利的"。

这些商界人士并不能读懂基本的财务报表。他们通常局限于观察现金余额和净利润。他们的报税人也仅基于降低联邦所得税影响的单一目标来制定大多数的财务战略，而他们也通常满意于这一做法。以潜在的企业未来增长为代价，他们并不关注企业利润、留存收益和强有力的财务指标的发展，仅仅是出于回避纳税和会计师的考虑。而上述指标恰恰是银行家们所最关注的。

一项审慎的贷款交易必须要满足基本的条件，因此，多数放款人并不关注这些未经世故的市场参与者。进而，对于这些不了解情况的企业主能够获取的资金存在着天然的制约（见图1.1），即他们自身的财务信息质量。

这些企业主不太可能为这些读不懂的财务报表支付审计费用。只要这些企业仅需依赖于内部编制的财务报表和年度纳税申报表来了解自身的财务进展，它们就不会成长至足够的规模以致其无论如何都需要这些报表。

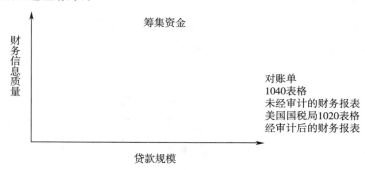

图 1.1　财务信息质量与贷款规模之间的关系

小企业融资指南

取决于公司性质和其资产负债表，在某种程度上还依赖于融入资金的用途，放款人似乎对于信息需求有着无法满足的胃口。特别是商业银行，如果其对客户信息广度和深度的要求得不到满足，它们就会拒贷。

银行业的部分负担源于监管问题，即有时一些过分热心的监管者看来正在对小企业主采取多项的消费者贷款保护措施，所以，银行业趋向于检验每一项细节以确保它们符合多项监管规定的要求。

依据银行家的说辞，他们的关注点在于获取一系列的要求文档，基于这些文档，他们可以对贷款申请人的 5C 信用标准进行审核，即能力、资本、信誉、押品和品质。[①]

一般来说，商业贷款的发放标准要件要求贷款申请表要包含以下信息，即至少以前三个年度的财务报表和纳税申报表、每名企业股东自身的财务报表、信用报告、商业计划书、财务预测、详细的资产计划、抵押品评估报告、一系列的业务信息。当然这些信息也可以分次提供。

如图 1.2 所示，有时令人疲惫的贷款申请核查工作延缓了许多合格的借款人获取贷款。许多银行在审批贷款时要求收集和报送信息的行政性负担过于沉重。仅仅因为忙于配合这些贷款审查而产生了看似无尽的责任，这些借款人根本无法运营企业，有时甚至无法招架银行的这些要求。

遗憾的是，银行并未向借款人提供一些互惠互利的解决方案。在收集和分析贷款审批信息时，绝大多数银行仍然沉迷于 20 世纪 60

---

① Charles H. Green, Get Financing Now（New York：McGraw - Hill, 2012）：31.

年代的有关做法。只有极少数的公司开始采用集成技术，以简化借款人信息传输和核查的有关过程，这对于借贷双方都是极为便利的。

同时，公平地讲，如果将激烈竞争的经济时期发放贷款的成本负担与较少数的满足发放条件的贷款交易相比较，那么，监管者所建议的分析实践与其能为放款过程带来的满意程度并不成正比。

除银行业之外，基于放款性质或一些有关融资风险的理论，多家公司已经改革了其信用评分标准和风险预期。例如，非银行类的营运资本放款人很久以前就不再纠缠于信用报告和其他相关信息。这样做的一个简单理由是，它们与借款人之间的借贷关系已经使其能够控制借款人的现金账户。因为对于贷款能否获得偿付而言，企业主对车贷和医疗费的延迟支付已经并不重要。

同样地，在日益增长的创新型融资行业中，参与者正在参考那些看似不可想象的借款人特征以及一系列其他的度量指标（或半度量指标），以衡量借款风险、预计偿付能力，并为融资定价。

小企业获取融资所需要的基本信息和战略正在悄然发生变化。不同的企业融资情形清晰地勾勒了资金来源的数量，而且这些来源也正在呈现不断扩大之势。受这一影响，目前企业主找寻融资的氛围已经改变。绝大多数新型的资金供给者正在为特定的业务类型提供融资，并以此作为一种承担风险和锁定目标市场的经营方式。

鉴于银行业的贷款资源正在远离小企业，许多需要获取融资的小企业主目前也会接受一些在其他时期看似粗暴的借贷条款，而这仅仅是为了获取资金以维持业务运营。但是，这些企业主经常会在并没有真正理解真实融资成本的情况下就签署融资协议。有时，类似以上的情况能够处理得很好，即便这仅是一些不必要的支出或限制。反之，有些情况则会带来很大的麻烦。

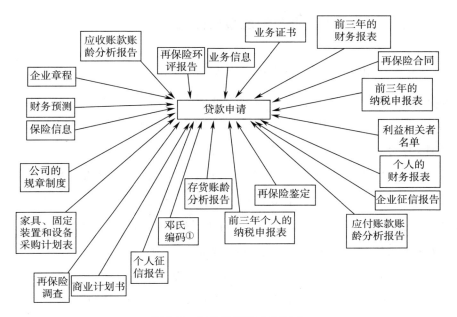

图 1.2　通常的贷款申请要求

当更广阔的市场带来相对更为丰富的融资机会，特别是当资金配置过程中应用更高水平的科技时，上述情况也将随之变化和改善。即新型的融资战略和贷款配置方法将出现变化，以能够发放更多笔更小规模的贷款。这些贷款有相应的目标客户和相对更短的还款期限。

传统的资金供给者并未能完全适应信息时代所出现的诸多挑战，即它们并没有为利用新型科技所产生的业务机会提供足够的融资，也没有满足客户对相关服务的需求。这种情况将可能会发生变化。

---

①　译者注：邓氏编码（ D－U－N－S Number）是一个独一无二的 9 位数字全球编码系统，全球最有影响的标准制定机构和著名企业都采用这一系统。

为商业运作提供资金的通常的怀疑派

　　银行为普通民众、企业和非营利组织提供了绝大部分的所需资金。通常而言，成批的新崛起的企业家们并未考虑融资需求的性质或者那些关于银行可以为哪些需求提供融资的众所周知的限制，他们蜂拥而至每一个角落的银行分支机构以获取资金。

　　依据小企业管理局的有关数据，在 2010 年，小企业的年度融资额为 1 万亿美元，其中大约 90% 来自于银行（6520 亿美元）、财务公司（460 亿美元）和小企业管理局①。对于已投放的未偿小企业贷款而言，2010 年明显高于 2006 年。除上述融资来源外，夹层融资②、天使投资③和风险投资仅提供了不到 10% 的小企业融资份额（见图 1.3）。

　　佩珀代因大学 Grzaiadio 工商管理学院从事一项名为"佩珀代因私人资本获取指数"的季度经济调查。该指数主要反映私人资本市场的活跃程度和健康状况，其目的是判断中小企业的融资需求、获取私人资本的便利程度、私人融资市场的透明度和效率。

　　依据 2013 年 6 月 30 日的私人资本获取指数，对于年度收入低于500 万美元并在以前季度期望获取融资的这些企业而言，它们通常以银行贷款作为融资选择，大约有 59% 的受访者持这一观点。除此之外，企业信用卡（57.2%）和个人信用卡（49.9%）也是受访者高

---

　　①　美国小企业管理局，"小型企业融资的常见问题"，www. sba. gov/sites/default/files/2014_ finance_ FAQ. pdf（于 2014 年 6 月 29 日访问获取）。

　　②　译者注：夹层融资是指在风险和回报方面介于是否确定于优先债务和股本融资之间的一种融资形式。对于公司和股票推荐人而言，夹层投资通常提供形式非常灵活的较长期融资，这种融资的稀释程度要小于股市，并能根据特殊需求做出调整。而夹层融资的付款事宜也可以根据公司的现金流状况确定。

　　③　译者注：天使投资，是权益资本投资的一种形式，是指富有的个人出资协助具有专门技术或独特概念的原创项目或小型初创企业，进行一次性的前期投资。它是风险资金的一种形式，根据天使投资人的投资数量以及对被投资企业可能提供的综合资源进行投资。

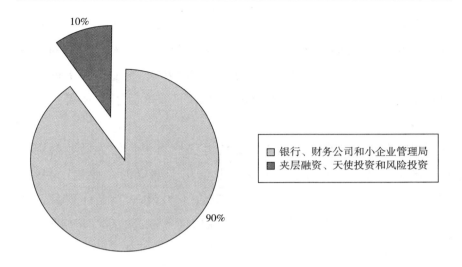

图 1.3 小企业的融资来源

度关注的融资渠道选择，此二者的融资也主要来自于银行。不到 1/2 的受访者成功获取了个人贷款（48.4%），或者从朋友及家庭成员处获得了资金（44.2%）①（见图 1.4）。

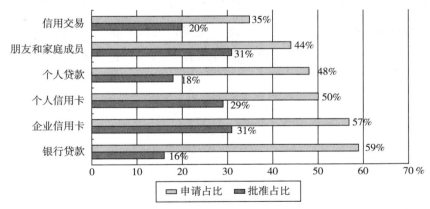

图 1.4 小企业的融资申请与获批情况

---

① 佩珀代因私人资本获取指数，2013 年 6 月 30 日，佩珀代因大学 Grzaiadio 工商管理学院，第 24 页。

但是，融资成功率却往往与上述的融资选择次序相反。通常来说，朋友和家庭成员渠道的融资成功率为 71%，个人信用卡的融资成功率为 58%，信用交易的融资成功率为 57%，企业信用卡的融资成功率为 54%。银行贷款的融资成功率远远落后于上述渠道，仅为 27%。[①]

尽管存在上述事实，63% 的受访者仍然将银行作为商业融资的可能来源，这一数字几乎是依赖企业信用卡融资的企业数（44%）的 1.5 倍。[②] 私人资本获取指数还报告了另外一个统计现象，即 67.7% 的受访者预计，未来 6 个月中获取债务融资的难度将增加。[③]

与上述情况并行存在的一项类似研究由克利夫兰联邦储备银行执行。该项研究指出：通过观察 15 个年度的银行业合并情况，可以发现，小型银行的数量已经随着这些并购活动而减少，而这些消失的银行恰恰最有可能为小企业提供融资。此外，银行业的竞争日益激烈，这也使银行家们偏向于发放规模更大、盈利性更强的贷款。这同时也意味着对小企业发放的贷款在减少，因为对小企业的贷款的盈利性更低（因为它们通常需要花费银行家更多的时间，并且难以自动化处理，发放贷款和提供后续服务的成本也相对更高，证券化的难度也更大）。[④]

---

① 佩珀代因私人资本获取指数，2013 年 6 月 30 日，佩珀代因大学 Grzaiadio 工商管理学院，第 23 页。

② 佩珀代因私人资本获取指数，2013 年 6 月 30 日，佩珀代因大学 Grzaiadio 工商管理学院，第 41 页。

③ 佩珀代因私人资本获取指数，2013 年 6 月 30 日，佩珀代因大学 Grzaiadio 工商管理学院，第 40 页。

④ Anne Marie Wiersch and Scott Shane，"Why Small Business Lending Isn't What It Used to Be"，Federal Reserve Bank of Cleveland，www. clevelandfed. org/research/commentary/2013/2013 – 10. cfm.

另类融资的兴起

日新月异的企业融资景象部分源于资金供给者自身的商业特权。多年以来，随着行业内一些变量的不断变化，银行融资的服务内容和具体的资金用途种类也随之变化。许多因素会导致这些变化，如经济形势、感知的风险、管理成本、利润率等。

在过去几十年里，许多银行以约定信用额度的方式向各种规模的企业提供营运资本贷款。这些信用额度，又称为资产抵押贷款（ABL），要求银行按日或周监督公司的发货数量，同时了解来自该公司客户的付款情况。银行与借款人约定，银行可以依据未清发票确定为客户发放贷款的额度，这些未清发票的状况由定期借款基础报告加以监督。

以资产抵押贷款形式发放的贷款通常提供给如下类型的公司，即资产密集型的公司和需要大量现金流以满足存货和应收账款频繁周转的公司。依据其性质，一些企业将资产抵押贷款称为最后贷款人。由于需要许多人手参与监督和管理贷款的发放及清收，资产抵押贷款是非常昂贵的。对于借款人而言，资产抵押贷款的财务费用通常以基准利率加点的形式出现，但是真实成本中掺杂了各种各样的管理贷款的人工费用，通常包括与实际使用的额度和年度承诺有关的签约成本。

诚然，此类融资业务也对大量的非银行类竞争者产生了极大的吸引力。在制造业中，资产抵押贷款应用广泛。它使这些公司能够组织工人将原材料转变为产成品，同时从零售商和批发商那里收取对应 30 天、60 天或 90 天不等的回款时间的产品收入。多年以来，一些公司如美联信（CIT），前遗产债权人德事隆集团和海勒已经成为银行业强有力的竞争者，它们的资金成本通常都很高，因为相较银行而言，其承担的风险更高。

对于多家在该领域内从事经营活动的银行和非银行融资（或财务）公司而言，它们也提供另一类发放营运资本贷款的融资服务。即它们开展保理业务或购买一家公司的应收账款，而不是基于应收账款来发放贷款。在一项实际的保理融资安排中，卖方公司销售其客户用于支付货款的现金债权，买方（融资提供方）以面值的折扣价购买这项债权，购买内容不含向卖方的追索权。换句话说，买方仅可以从债务人处回收债务，卖方公司并不承担连带责任。

在缺乏个人计算机、应用软件，甚至也没有传真机的情况下，对于借贷双方之间必要的日常沟通而言，需要经验丰富的银行员工执行相应的监督过程。上述这些成本并不太容易衡量，待其积累至一定程度，在银行没有获取足够市场份额的情况下，最终会导致银行质疑其发放贷款的盈利性。

一般而言，因为需要良好的专业知识，只有规模相对更大的银行才会提供资产担保贷款产品线的服务。同时，由于相对成本较高，绝大多数银行对服务于资产规模少于一百万美元的小公司并不感兴趣。除了这些公司通常较为薄弱的信用状况之外，银行需要将其注意力集中于更具盈利性的账户，以覆盖开展一项良好运作的资产抵押贷款业务所需的管理成本。

上述这些情况导致了相对规模更小的非银行类融资公司的大量涌现。这些公司也同样着眼于为相对规模更小的借款人提供融资支持，此类借款人的授信额度一般在 25 万美元与 100 万美元之间。这些融资公司最初往往是一些私募股权，它们通常通过获取本地银行的授信壮大了实力。涉及地域范围更为广阔的小型地区性银行都有意愿为上述融资公司提供融资，这使它们能够获取借贷资本以覆盖其自身的贷款组合或将融资再次出借给小企业。

目前，间接通过银行获取融资支持的贷款品种已经囊括了许多高风险、高定价的贷款，比如发薪日放款人，此类融资公司依据消费者未来下一次薪酬发放的收入来发放贷款。无论是否出于我们对发放此类贷款所产生的负面影响的恐惧，抑或是为了规避监管以获取更高收益的资产，贷款人融资都增加了消费者和小企业获取融资的复杂性和资金成本。

长期以来，非银行类融资公司一直被称为另类融资，其主要包括资产抵押贷款公司和保理公司。尽管多年以来，此类标签已应用于除银行外的任何其他的融资渠道。当前，这个标签甚至已应用于小额贷款人、市政和州贷款计划，以及各类科技型的融资公司。

对于一项改革而言，另类融资的说法已经过时了。正如前言中所指出的，本书建议将科技型、以数据为核心的小企业投资者和借款人统称为创新型融资行业。该行业是可替代传统融资渠道的选择，也希望这个独特的名称将有助于企业主和其他资金供给者将其与一贯的怀疑派（传统银行）和保理公司区分开来。

本章注释

1. U.S. Small Business Administration, "Size Standards Methodology,"www.sba.gov/content/size-standards-methodology (accessed September 1, 2013).
2. Internal Revenue Service, "Instructions for Form 1120S," www.irs.gov/pub/irs-pdf/i1120s.pdf (accessed September 1, 2013).
3. Charles H. Green, *Get Financing Now* (New York: McGraw-Hill, 2012): 31.
4. U.S. Small Business Administration, "Frequently Asked Questions about Small Business Finance," www.sba.gov/sites/default/files/2014_Finance_FAQ.pdf (accessed June 29, 2014).
5. The Pepperdine Private Capital Access Index, June 30, 2013, Graziadio School of Business and Management, Pepperdine University, 24.
6. Ibid., 23.
7. Ibid., 41.
8. Ibid., 40.
9. Anne Marie Wiersch and Scott Shane, "Why Small Business Lending Isn't What It Used to Be," Federal Reserve Bank of Cleveland, www.clevelandfed.org/research/commentary/2013/2013-10.cfm.

第2章 难以捉摸的银行融资属性

商业社会中最容易产生的错觉可能就是银行业如何看待商业贷款以及与小企业融资相关的风险。假设所有的小企业主都面临着相同的信息环境，那么，他们能于何处了解到所期待的融资模式呢？这可以通过观看一部电影（如"美妙人生"或"华尔街"）就能知悉吗？

当然，现今的商业银行家通常介于精力充沛的家乡银行家乔治·贝里（由吉米·斯图尔特扮演）和密谋的对冲基金经理戈登·盖柯（由迈克尔·道格拉斯扮演）之间。

实事求是地讲，通行的放贷条款的各种版本是由现实造成的。许多企业主可以引用大量的实例，即新创设的银行周期性地发放大量贷款，政府担保性贷款的恣意妄为，或者一家货币中心银行出于扩张的考虑在一个特定的贷款市场中抢占市场份额等。

如同我们所有人的内心感受，当市场观察到基于市场条件变化所出现的市场行为和反应时，比如，以90%或100%的按揭（LTV）比率发放的商业地产贷款，市场参与者会预期类似条款将永远可得。尽管并不能了解一项信贷决策中需要考虑的无数因素，但是市场参与者也意识到，因为他们知道有一些能够发放高杠杆、无担保和低价贷款的放款人，所以他们也理应能够获得此类贷款。

当然，他们也不曾考虑到，他们的朋友可能不是那么诚实或者仅仅是通过利用第三方力量的干预获取了优惠条款。

上述情景的最大问题是，这些公司可以通过更为合理的条款

（至少资金所有者认为是合理的）获取足额融资。但是，通过长期、徒劳地找寻并不存在的融资条款，他们使自身筋疲力尽并激怒了许多放款人。对于许多潜在的放款人而言，他们都已无名列前茅争取到贷款的机会，直至他们最终在最后一站（第五、第十或第十五个放款人）屈服于事实。这些重复如上道路的一些令人失望的人们，虽然可能已经发现了核心业务计划的可行性，但是却如无望的、被误导的初学者陷入对现实的错觉中一样，浪费了时间。

风险偏好是一个自相矛盾的说法

就总体而言，银行业并没有一项风险偏好。通过多项筛选工作、分析师、审核人、信用报告、行业数据以及丰富的经验常识，银行家们相当着迷于发现一项业务方案的所有潜在风险，以明确这些风险是否能由各种补偿措施所规避或抵补，从而避免延迟支付和贷款违约，甚至出现更坏的情况，即贷款损失。

放款人试图通过采用以下一些方法，使得违约价格高于偿还贷款的成本。比如，不动产契约，各种形式和规模的担保，企业主的个人担保，政府担保，第三方担保，保险，资产留置权，借款库监控，加密箱，限制抵押，贷款合约，成百上千页的贷款文件，担保协议，担保物转让等。

然而，银行业每年都要核销大量的不良贷款。在后《格拉斯—斯蒂格尔法案》时期，货币中心银行已经趋于多样化经营，并开始从事投资银行业务。它们甚至已经认识到，不确定性是一种常态。在 2012 年中，摩根大通公司发生了一项总额为 60 亿美元的巨额损失，该项损失是由其欧洲分部激进的交易和臭名昭著的交易员伦敦鲸所导致的。可是，几乎没有放款人的放款限额会攀升至 60 亿美元。

对于一名经验丰富的信贷专业人士而言，风险偏好是一项矛盾修辞手法，因为在其看来，风险是需要被发现、加以计量、也可能被加以避免的一些情况。同时，作为一种广为接受的行为方式，银行家们试图通过筛查、承保、如果必要可以适度降低价格等一系列措施来消除风险。被认为仅展现了内生风险的这些交易，进一步需要考虑交易结构、协议、押品和清算等相关安排，用于建立偿付条款、操作条件和一连串的偿付来源，以确保在双方约定的时间收回银行款项。

本书认为，对风险的偏好将表明银行家情愿从事一项明显的赌博行为，并寄望于更大的偿还可能性。但这仅仅是一项个人观点，与大多数的书面贷款政策、政府监管者，以及行为人负责的说法并不一致。甚至以此类观点发言的银行家们，将会面对来自同行和上级的怀疑，并永远将其职业生涯置于明显的困境之中。

银行的资金运用受制于其融资来源

由于融资来源为存款客户，所以对银行进行评价时必须更多地考量其贷款业务，银行也必须避免大多数的真实和假想的贷款风险。从社会公众处归集资金是一项有趣的商业模式，同时它也是一个受到严格监管的行业。想想看，普通公众是银行资金的主要来源，银行利用这些资金投资于各种创利活动，比如商业借贷。图 2.1 阐释了一个典型的银行融资和贷款审批循环。

美国联邦政府至少在一定程度上保障了银行客户免于损失。无论有多少家银行发生破产、出现贷款损失、侵占客户资金以及抢劫和盗窃现象，美国联邦存款保险公司都能确保达到一定限额的储蓄者对自身的储蓄行为具备足够的信心。

对于用之不竭的存款供应而言，其价格仅仅是那些有意对其染指的 7400 多家银行之间竞争及银行业监管者实施相关监管政策的结果。全美有 50 家州银行监管机构和 2 家联邦监管机构（即美联储和美国货币监理署）。此外，联邦存款保险公司（FDIC）与上述 52 家监管机构一道共同关注全美每一家依赖于经保险覆盖的存款的银行。

这些监管者提供通用指引并给予全面监管，其用意在于规范银行家信贷展期的方法和实践。与消费者的权益保护比较而言，这些应用于商业贷款的规则相对宽松，但是现实中还存在着大量模棱两可的监管地带，这也导致监管者会让银行了解他们不认同的做法。

当然，引起这些银行家们注意的是如下事实，他们绝大多数的信贷行为都要经受相关监管机构人员的检查、检验、质询和挑战，而这些监管人员可能从未曾向一名潜力客户推荐过业务或接受过一名要求极高的银行行长的领导。这一事实具有相当的讽刺意味。

此类力量从不曾受到公众借贷业务的欢迎。由于监管方面的反应，放款人往往会错失一些他们想要把握的商业机会。相对同业而言，一些银行家更严格地执行了这些监管规则（请考虑一下自 2007 年以来银行破产的数量）。同样地，监管者也倾向于周期性监管，即只是在最近的经济衰退时期或金融危机之后才采取非常严格的监管。

监管部门有自身的监管底线。即，如果不遵守这些搭建制度性架构的公共政策，那么银行将在获取资源开展业务方面受到限制。这些公共政策激励公众将现金转化为储蓄，并且通过受公共安全措施监管的渠道进行结算。虽然具有安全和稳健的名义，但制度架构在某种程度上限制了（甚至有时是阻碍）商业银行满足企业主融资的意愿。

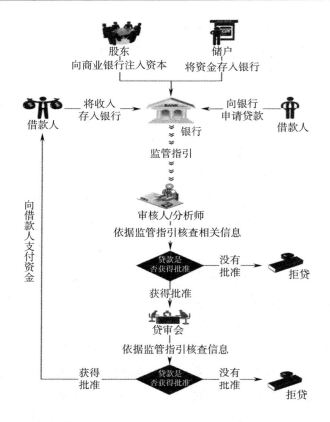

图 2.1 银行融资和贷款审批流程

小企业的信用状况难以衡量

绝大多数的非银行业人士可能都会对如下说法感到困惑，即相对于向 Joe & Sons 熟食店提供一项小额设备贷款而言，核定可口可乐公司的信用额度更为容易。乔可能仅需要 10000 美元，同时毋庸置疑，可口可乐公司会获得来自许多放款人的数以亿计的信用额度，这些信用额度可用于备不时之需。

通过查阅公开资料，我们可以非常容易地了解到，可口可乐公司的财务审计史距今已经有一个多世纪了。公司管理层可以向质询的监管者、投资者、分析师或放款人清楚地说明公司的每一项收入和费用。实际上，有一大批高薪人士在负责监督、回溯和报告可口可乐公司每天的运营情况。

但是，Joe & Sons 熟食店则是另外一种情景。该企业的规模很小，企业原名为 Joe，加上"& Sons"则是后来的事。熟食店从来没有理由需要为编制财务报表而聘请会计人员。由于乔从未以公司的名义申请过贷款，而且无论如何也不能阅读一份财务报表，如果不需要这样做，为什么非要麻烦地扔大把的钱出去呢？除此之外，乔如实地填报纳税申报表并付清一切欠款。

所以，当乔的儿子想向当地银行贷款，以用于购买一个新的烤炉时，银行必须开始一项为期数月的质询，从企业主们那里获取尽可能多的信息，尽力发现足够的指标去判断企业是否满足融资的标准。经历过这一切后，乔期待成为银行的一名贵宾客户，并得到最优惠的利率。

当前，类似于上述用于购买一个烤炉的贷款业务经常发生，它们或者采用向企业主（他们并没有真正关注企业的经营状况）发行信用卡的方式，或者由一家非银行的专属财务公司（也可以是一家设备制造商的子公司）发放贷款。

上述案例说明了以下事实，即全面、准确地衡量商业融资业务是非常困难的。现实中类似于 Joe & Sons 熟食店的企业大量存在，而像可口可乐这类大公司却微乎其微。在假定需要完善的信息以满足合理的信贷政策和银行监管需要的情况下，向这些小型企业提供融资，通常会由于过于繁琐而不能获利。

在 1979 年，一家小型银行的最低贷款额可低至 500 美元，但是甚至经通胀调整后，要理解这笔生意如何获利仍是非常困难的。当前，即便存在小企业管理局提供担保的增信服务，绝大多数的市场放款人仍然不愿意向 25 万美元以下的贷款申请发放贷款。

由于吸纳客户的实际成本以及需要多人分析、审核、批准、管理和服务一个贷款账户，未来的岁月里，在《多德—弗兰克法案》①全部推行之后，监管规则将会变得更加复杂，发放贷款的最低数额随之上升是自然而然的事情。

除了必须承担的显性成本和储蓄融资的监管成本负担外，多家银行还面临着缺乏想象力甚至是无知的挑战。疏于关注交易处理方面值得注意的技术改进，持续利用"一刀切"的通用方法来办理未来的交易，未能成功地将注意力集中于最佳的放款机会，上述这些因素共同导致了银行业最低放款额上升的现象。

极少有例外情况，对于少数的特定行业、业务种类或特定区域而言，多家银行都未能成功地积累更多的专业知识，以成为更具盈利能力、服务水平更高的资金供给者。太多的银行并不采取行动，只是坐等客户上门。然而，它们却未意识到，其日常管理、过时的应用程序处理和缺乏创意的市场营销都是产生上述困境的主要原因。

所以，小企业主负担了上述行业结构性问题的成本，而这主要体现在，如果不能满足相应的融资资格要求，或者其需要比实际可得的融资额更多的资金，那么，它们就不能够获得低成本的银行融资。

贷款与银行规模负相关

规模相对更小的银行难以准确地计量大多数开支，同时它们对于每一项支出能够产生正向收益更加敏感。所以，为确保获得创造

---

① 译者注：《多德—弗兰克法案》被认为是"大萧条"以来最全面、最严厉的金融改革法案，将成为与《格拉斯—斯蒂格尔法案》（《1933 年银行法》）比肩的又一块金融监管基石，并为全球金融监管改革树立新的标尺。核心内容就是在金融系统当中保护消费者。根据《多德—弗兰克法案》中编号为 742（2）的条款规定，规定 2011 年 7 月 15 日起禁止美国公民进行所有贵金属（包括黄金、白银）的场外交易（OTC）。

商业贷款的资源可能产生最高的收益，小型银行会更积极地推动提高最低的放款金额，并优先考虑业务联系更紧密的客户。

然而，考虑到发放小额公司贷款更具挑战性，并且它们的信用风险通常都很高，小型银行必须投入大量的资源来逐个仔细审查申请贷款的企业主，以推断哪些融资项目是可行的。银行的有关政策能够屏蔽大多数质量较差的贷款，但是审核人和分析师必须要逐一审核和批准额度为 25 万美元至 200 万美元之间的优质贷款项目，这是一个艰难的经历过程。不可思议的是，许多大型银行竟然没有发现这些贷款具有任何吸引力。

小型银行通常将关注点集中在审核项目支出方面，并将其视为精密的成本中心。大型银行通常具有更大的业务规模，它们并没有像小型银行一样的盈余压力，而是趋向于面对不同的监管预期以服务于各种规模的市场。数额相对更小的贷款通常由分支机构作为零售贷款管理，一般由分支机构的经理和业务专家利用信用评分模型和自动化的审批流程负责处理，处理过程中更多考虑的是个人财务指标而不是对借款人的业务分析。

通过最广泛的分支网络，最具影响力的品牌，以及大型银行是信用卡的主要发行商这一事实，它们也能为小企业主提供相应的服务。但是可能的类似贷款并不是那么激进，而且增量也相对较低。

所以，具有讽刺意味的是，小型银行会倾向于对相对规模更大的小企业发放贷款；而与此同时，大型银行却更有可能以小额增量的方式向规模相对更小的小企业发放数额相对更大的贷款。

第3章 遭受重创的资本市场：
后金融危机时代（2008 年后）

伴随着网络泡沫的破裂和"9·11"事件后一段动荡的时期，麻烦频出的 20 世纪渐行渐远。尽管存在以上事实，但新千年似乎有一个良好开端。从新千年初至 2007 年的一段时间看似是最为强劲的资本创造时代，虽然这个时代仅仅是发明了一些创造货币的新方法。

在这些年里，改变游戏规则的金融自由化、新产品革新、前所未有的全球货币转移支付以及盲目的乐观情绪，不可避免地导致资本市场规模暴增至惊心动魄的程度等现象交互并存。好事过头反成坏事。

前美联储主席艾伦·格林斯潘对于市场的非理性繁荣并没有给予足够的重视，仅仅发布了一些无关痛痒的指引试图安抚人们的情绪。但是坦率地说，市场上存在相当多的存量业务和达成交易的可能性。每名市场参与者都下定决心要在危险出现之前达成交易并获利。

翻阅美联储公开市场委员会自 2006 年底以来的备忘录，可以发现，他们并未对住房市场的相关状况表现出忧虑，即涌入大量的流动性为收缩的住房需求提供融资且愈演愈烈。这些状况导致的价格上涨现象最终在全球的抵押担保证券持有者中出现并迅速传播。这些群体对轻松赚取的利润贪得无厌，这也使他们异常脆弱，而不能免于历史上最古老的经济欺诈手段的冲击，即将任何销售标的都视为闪闪发光的黄金。

难道没人发现泡沫形成吗？

尽管全美各地的新增住房以庞大的数量极迅速增长，但是在这个周期中仍不能满足住房抵押贷款证券的投资需求。出于要赢得资本游戏和对"账面价值的增长"的共同热情，银行家们修订借款人资格的有关条款以使那些不符合贷款条件的申请人能够轻易地获取融资。即向无收入证明，无证件，也未经询问有关问题的申请人（所谓"骗子贷款"）发放贷款。联想到一些发放抵押贷款的银行为增加放贷规模而惯于采用的野蛮生长的方法，简直是太不可思议了。

突然之间，每个人都成为了一名地产投资者，尽管存在如下事实，即许多人几乎同时不能偿还他们自有的住房贷款。比如，一名需要养育两个儿童的单身母亲，每周都在努力赚钱以支付日常开支，其同时还保有两个租赁物业。再比如，在刚刚从法学院毕业后的几周内，一位年薪 150000 美元的新律师，也是一名首次置业者以全额按揭的形式购买了一处价值 400000 美元的亚特兰大的公寓，其只有支付利息的能力。

怎么会存在这两项如此可怕的交易呢？非常简单，因为贷款人能够很容易地发现愿意开展此项业务的银行家，这些银行家肆无忌惮，完全不考虑实际情况，只为达成业务。许多人从房屋所有者变成房屋投资人，他们是被地产经纪人、按揭贷款发放者，甚至还包括期望提前锁定利润的房屋所有人诱导至这个游戏当中。大量的共谋者们促成了此类交易，从痴迷于此的热衷者转变为拥有一项实际并不需要且高估的房产或公寓，这些不动产也并无承租人。但是，这些过于美好的借款合同和价格上行预期最终却无法变为现实。

为此类繁荣景象提供融资非常简单，抑或可谓天才，这取决于借贷双方谁更清楚地了解自己。将所有这些质量相对较差的贷款与一小部分高质量的按揭贷款打包，以此为基础发行债券。此类债券具有让人眼花缭乱的风险分层和投资优先级。将这些债券重塑为"债务抵押证券"（CDO），将其出售给那些从未听说过"投资分级"的无知投资者，其意在平衡低等级和高等级贷款之间的风险，以保护所有的参与者。

如果仍感觉不够保险，就为这些令人迷茫的证券组合购买一项AAA评级，或者为CDO设置一些保险条款，这称为信用违约互换（CDS）。保险条款的目的在于说服CDO的投资者，如果证券价格下行，其他人也会无法摆脱此类困境（并不在意谁在订立这些保险条款以及他们真实的财务状况如何）。

并非认真的是，这些绕来绕去的金融新发明的多数卖者并不能控制住非常明显的肆无忌惮的贪婪，但是他们更进了一步，从廉价品交易中赚取了奢侈品交易才能获取的佣金。他们抗拒不了利用这些同样的资产进行赌博。投资银行家实际上建仓空头，以期从这些证券的预期失败中获利，而他们在承销这些证券的时候已经赚取了一次收益。

投资银行们发明了多少种方法来从这些善良的人们身上赚取来之不易的现金呢？

抵押贷款违约的第一波浪潮在2007年中开始出现，因为已经不再能销售其糟糕的贷款，一些最离谱的抵押贷款发放者开始破产。资本市场的反应相当迅速，羊群效应显著，当一些证券化的投资产品失败的迹象开始出现时，每名参与者都急于退出。

到2008年第二季度，华尔街开始在流动性危机的前半段中表现得摇摇欲坠。CDO市场的流动性迅速干涸，CDO索赔的第一波开始冲击所有保险条款的持有者。美国国际集团（AIG）开始成为社会公众中家喻户晓的名称，而这些公众以前从不曾听过"衍生品"这个名词。

早在 2005 年初，国家宏观经济管理部门，包括美联储、美国联邦存款保险公司、美国财政部就进行了友好的协商，共同发布了一份联合公报，对商业银行发出了警告（相同的情况还出现在 2006 年和 2007 年）。他们越来越关心房地产价格上涨和银行贷款集中度的上升，但是此类警告也限于商业地产（CRE），而不是居民住房。

他们共同督促商业银行开始多样化资产组合，并降低大量在表面上看似安全的商业地产债务的风险暴露。但是，警告已经太迟了，如果对这种情形采取更加坚定的监管行为，那么，其可能会得到更多的关注。进一步讲，一些非常明显的与投机于土地开发和新屋建设相关联的高集中度贷款的风险敞口就能够得以压缩。

本次情况不同于以往

虽然本轮危机的发展大概只有六年左右的时间，但其严重程度却超出了我们现代金融银行系统建立以来的任何黑暗时期。在这段时期，许多仍在工作的银行家们每天都在忧虑世界上还会发生什么差错。

2007 年，动荡的房地产市场大幅下滑，并由此引发了一系列相关事件，包括超过 100 家住房抵押贷款银行破产。但是，人们仍然未太过于关注此类经营失败的公司，社会上大多数的关注点集中于发放次级贷款的行业典范（即美国国家金融服务公司）的迅速陨落。

2008 年 1 月 11 日，在经过数月的市场猜测之后，美国银行最终宣布以每股 5.5 美元的价格收购美国国家金融服务公司的全部股份。该价格少得可怜，因为该公司股票一年前的价格尚在每股 40 美元以上。如果放在其他年份，收购公告可能是抵押贷款危机的转折点，但是本次情况却不同于以往。全美最大的银行对美国国家金融服务公司的营救行为并没有延缓危机进一步地发酵。

此后不久的 3 月，令人尊敬的投资银行贝尔斯登差点破产，其以极低的价格出售给了摩根大通。公众评论开始关注纽约州民主党议员查克·舒默发表的银行业状况不稳定的有关言论，在此之后，印地麦克银行（IndyMac）已不能在市场中发放贷款，其储户开始挤兑。在这种情况下，监管部门于 7 月将其关闭（见表 3.1）。

表 3.1　　　　　　　　　　90 天金融动荡期的成本

日期	失败公司	拯救者	支付的收购对价、援助资金及破产损失（亿美元）
9 月 7 日	房地美和房利美	美国联邦住房金融局	600000
9 月 14 日	美林证券	美国银行	50
9 月 15 日	雷曼兄弟		6390
9 月 16 日	美国国际集团	美联储	2090
9 月 25 日	华盛顿互惠银行	美国储蓄机构监理局	62.9
9 月 29 日	美联银行	富国银行	15.1
10 月 3 日	一些具有问题资产的银行	问题资产救助计划	700
10 月 13 日	九大银行	问题资产救助计划	125
11 月 23 日	花旗集团	财政部/美联储/联邦存款保险公司	326
11 月 25 日	助学贷款 汽车消费贷款 信用卡 小企业管理局贷款	定期资产抵押证券贷款	1000
合计			9127

但是，更多不祥的事件还在继续发酵，并在秋季达到高潮。虽然负面的财务影响并不能完全计算清楚，但是表 3.1 列示了表面上的部分直接成本。重述 2008 年 9 月至 11 月这 90 天期间所发生的一切，似乎是超现实的：

- 9 月 7 日：房地美和房利美二者合计拥有 6 万亿美元受影响

的住房抵押贷款，如果不加以救助，会进一步扰乱美国住房融资市场的秩序。出于对二者无力募集资本和承担债务的担忧，美国联邦住房金融局将其接管。

● 9 月 14 日：美国银行宣布，同意以约 500 亿美元的代价收购令人尊敬的美林证券公司，该交易由于没有披露美林行将发生的第四季度亏损以及此项交易是由监管方面的压力促成的而引发争议。

● 9 月 15 日：雷曼兄弟公司的次级抵押贷款资产的杠杆比率高达 31∶1，当住房抵押贷款市场掉头下行时，这些资产迅速地侵蚀了该公司的大量资本，导致了该公司的资产组合出现了巨额损失。该公司与上述问题进行了长达一年左右的斗争，该期间的资本市场也动荡不安，此后，雷曼兄弟终于呈报了历史上最大的破产案，其金额高达 6390 亿美元。

● 9 月 16 日：美联储对私人保险公司美国国际集团实施救助，其以 850 亿美元的代价换取了美国国际集团 80% 的股份。这些救助资金用于缓解美国国际集团所面临的流动性危机，该危机是由约 580 亿美元以次级贷款为基础的结构化债务证券所导致的。最终，美联储对该公司新增了 1240 亿美元的投资敞口。

● 9 月 25 日：美国储蓄机构监理局接管了华盛顿互惠银行。华盛顿互惠银行经营失败为世界历史上最大的银行破产案，该银行经历了为期 9 天、总额近 170 亿美元的客户存款挤兑过程。

● 9 月 29 日：美联银行，面临着与住房抵押贷款相关的大量损失，这主要源于其对金色西部金融公司颇有争议的收购行动。该危机经历了一次影响不大的客户挤兑，并最终由监管机构施压，通过银行所有权转让市场将其股份转让给花旗集团。不久之后，该所有权又经协商仅以 150 亿美元的价格出让给富国银行。

● 9 月 29 日：美国总统竞选期间，现任政府日暮途穷。为此，财政部长亨利·保尔森提议了一揽子银行救助计划。最终，经过激烈辩论的众议院否决了这一提议，道琼斯工业平均指数（DJIA）下跌 777.68 点，这也是其历史上最大的单日下跌点数。[①]

● 9 月 30 日：对于小企业管理局担保的贷款而言，政府财政年度的最后一天是一个重要的转折点。金融危机继续深化，并导致此类贷款的二级市场崩溃。截至该日，与 2008 年相比，获批准的贷款笔数下降了近 30%，贷款量下降了近 10%。至 2009 年末，对小企业发放的贷款又进一步下跌了 27 个百分点。

● 10 月 3 日：国会通过了修订后的长达 169 页的《经济稳定紧急法案》，该法案同意授权财政部通过问题资产救助计划（TARP）来购买或担保 7000 亿美元的银行业不良资产。

● 10 月 13 日：财政部部长保尔森约见了美国九大银行的首席执行官并对他们施压，要求其同意向问题资产救助计划购买总额为 1250 亿美元的优先股，以用于修复问题最严重银行的资产负债表。与此同时，财政部并未向公众披露本次救助的对象（即花旗集团）。

● 10 月 31 日：10 月，道琼斯工业平均指数总计下跌 1526.65 点。这是有史以来，该指数表现最差的一个月，其中该月还囊括了纽约证交所（NYSE）历史上表现最差的 5 个交易日中的 2 个。[②]

● 11 月 23 日：即便在花旗集团于前 18 个月削减了 92000 个工作岗位，收到 250 亿美元的问题资产救助计划资金的情况下，美国财政部、美联储和联邦存款保险公司三者还共同宣布，联邦政府将为花旗集团 3060 亿美元的贷款和证券提供担保，此外，再投入 200 亿美元以保持花旗集团的偿债能力。

● 11 月 25 日：美联储宣布创设定期资产支持证券贷款便利

---

① Julie Hirschfeld Davis， "Bailout Bill Slapped Aside; Record Stock Plunge," Yahoo! News，Associated Press（September 29，2008）.

② "Dow Jones Industrial Average Historical Data," Dave Manuel. com（accessed September 30，2013）.

（TALF），该工具的目的在于购买一些为助学贷款、汽车消费贷款、信用卡及小企业管理局发放的贷款提供融资的证券。这些垫款无追索权。尽管该公告宣布将为上述工具提供 3000 亿美元的资金，但美联储实际上通过问题资产救助计划投入了超过 1 万亿美元的资金。

虽然看似麻烦并不太多，但是创设问题资产救助计划引发了公众的强烈反对，即上述计划通过为私营企业提供更多的救助，对维持稳定的银行系统进行了重新定义，这些举措弊大于利。公平地说，辩论双方都有许多事实论据用于支持他们各自的观点。具有讽刺意味的是，相对于其他担保和贷款限额而言，问题资产救助计划本身变得无足轻重；彭博社的分析发现，至 2009 年 3 月，为了救助本国的金融系统，美联储已经投入 7.77 万亿美元的资金，而这一数字比美国当年国内生产总值的一半还多。①

在正常情况下，任何一个此类事件都会成为最引人注目的故事，但是，所有这些令人恼火的事件全部于一个非常短的时间跨度集中出现，这也反映出该期间的美国金融系统近乎完全崩溃。

六年以后，经济开始步入复苏阶段，但是毫无生气的经济增长率并不足以克服或改变数以百万计的失业状况。这段时间，消费者信心持续低于可持续增长应有的水平，但是同时也在事实上促进了国民储蓄率的增长。在经济向好发展的同时，上述事实也说明，在后危机时期的初期阶段，消费者倾向于抑制能够带动经济增长的消费行为以囤积现金。

美国全部房屋的净值在 2006 年的峰值为 13 万亿美元，这一数字在 2008 年中期衰减为 8.8 万亿美元，并且在 2008 年下半年仍然在继续下行。作为全美第二大家庭资产，退休资产总值从 2006 年的 10.3 万亿美元下降至 2008 年中期的 8 万亿美元，合计下降了 22%。

---

① 　Bob Ivry, Bradlay Keoun, and Phil Kuntz, "Secret Fed Loans Gave Banks ＄13 Billion Undisclosed to Congress," Bloomberg Markets, November 28, 2011.

在同一个时期，储蓄和可投资资产（不含退休储蓄）损失了 1.2 万亿美元，养老金资产损失 1.3 万亿美元。一并考虑，这些损失合计为 8.3 万亿美元。[①] 在 2007 年第二季度达到峰值之后，家庭财富损失了 14 万亿美元。[②]

普通民众去何处融资？

商业银行们开始被类似的各种各样的问题压得透不过气来。许多社区银行（总资产在 10 亿美元以下）在土地投机、住宅开发、商业建筑方面下了很大的赌注，而这远超出了一个运转良好的经济周期的吸纳能力。前二十年，这些南部的银行（比如加利福尼亚州、亚利桑那州、内华达州、德克萨斯州、佐治亚州、佛罗里达州）已经尽享人口红利的种种利益，但这次受到的冲击却尤其严重。

在 2008 年次贷危机发酵的这些月份中，一些主要的商业银行和投资银行或者破产或者被迫草率出售，即便这些大型的幸存者，如高盛、摩根斯坦利、美国运通，也经受了很大的冲击。经与美联储合作，它们开始向监管更加严格的商业银行寻求庇护，并快速地获得了商业银行的经营执照。这样做的目的是使上述机构能够容易地获取大量廉价的资金而保有充沛的流动性，将数以亿计的客户资金转变为受存款保险制度保护的存款，以避免资金突然抽离市场。这也向公众表明，在必要的情况下，联邦政府将会保证他们的资金安全。

在 2007 年第四季度初，了解到以下的情况具有相当的讽刺意味。在华尔街的主要投资银行都变身为商业银行的情况下，普通民

---

① Roger C. Altman, "The Great Crash, 2008 – Roger C. Altman," Foreign Affairs, January/February 2009.

② "Americans' Wealth Drops ＄1.3 Trillion," CNNMoney.com, June 11, 2009.

众的投资经纪商瑞杰金融集团突然间成为全美同类公司中的翘楚。

与此同时，在 2007 年底，新屋建设和房屋销售大幅下降，全球性衰退开始出现，而这也对各行各业产生了实质性的影响。为此，全美消失了 1500 万个工作岗位，以及前所未有的数以百万计的公众因无力偿还贷款而丧失了住房赎回权，而这进一步预示着，在可预见的未来，住房市场将陷入严重危机。

对于 20 世纪 90 年代的储贷协会危机之后的一些年份而言，经济运行状况表现良好。但是，次贷危机却导致了 2007 年底数以百计的银行破产。即使在 2014 年及以后，可以预见，通过回溯此前的市场崩溃，未来还有更多的根植于财富变化趋势的失败案例出现。多家幸存银行的实力已大大削弱，而这主要是由于其贷款组合的突然减值消耗了大量的资本或者在利率大幅下降的情况下无充裕的收入来弥补资本的不足。当实体经济部门过于薄弱或过分谨慎而无融资意愿时，绝大多数银行的主要收入出现了严重的下滑。

对于绝大多数企业家而言，小企业融资几乎在一夜之间蒸发。美国联邦存款保险公司主席希拉·贝尔指出[①]，次贷危机期间，2.7 万亿美元的信贷额度出现了问题，而这直接导致企业增长和经济扩张根本不可能出现。

联邦政府的刺激措施，包括问题资产救助计划、小企业就业法案、减税以及美国小企业管理局援助项目的扩充等，所有这些措施都减轻了危机的相关影响。但是，仍然有更多的工作需要去做。为了使美国和全球经济回归正确的轨道，并保有鼓舞人心的经济增长率，需要更多的商业活动出现。而经济增长所需的资金支持仍然是不确定的。

---

① FDIC，www. fdic. gov/news/conferences/sbl. html（accessed September 30，2013）.

小企业管理局是对普通民众的联邦救助吗？

问题资产救助计划，最初受到许多社区银行家的欢迎，结果却成为一项备受指责的工具，因为人们指责其适用机构标准，抱怨财政部和美联储可以利用这项工具筛选成功者和失败者。这项计划作为坏账银行基金，最初是由财政部部长保尔森以一份 4 页纸的备忘录的形式提出，利用其购买商业银行的房地产坏账。在向国会做推荐时，这项计划很重要的一项功能是有助于许多小型机构从与其无关的危机中复苏。

自 20 世纪 90 年代以来，美国财务会计准则委员会（FASB）颁布了一系列不断演化的会计规则，其要求银行家们基于目前的风险条件确认贷款资产价值或者采取与投资领域相同的做法，即逐日盯市。当出现一些贷款质量恶化的明确信号时，银行应评估其风险暴露，而这通常意味着将获取一项最新的不动产评估。这些假定意味着，银行将被迫增加贷款损失准备或者核销未必会发生的许多正常贷款的潜在损失。

在危机爆发之后的几年内（2008—2010 年），这些账面价值减记，同时伴随着优惠利率 5.25% 的跌幅，重创了许多计提巨额准备的社区银行，并将许多经营状况良好的银行拖入问题银行之列。在这些艰难的时期，管理银行账户面临着强调确认潜在的贷款损失的激进做法，一些在大萧条中幸存下来的银行因此最终陷入困境。

2008 年底，短暂的希望之光出现，即问题资产救助计划将可用于购买一些被担保的贷款，也可以获得经营状况良好的银行注资，几十年来，这些银行发放的贷款都是经优质的不动产担保，它们也获取了相同的经营结果，即良好的利润表现。尽管多家银行具备令人钦佩和审慎的经营文化以及历经几十年积累的丰富经验，但是许多银行家仍然未能成功地判断本次危机的严重性和波及范围。从前可信赖的银行家的常识，即"虽有污垢在身，也不一定会受到伤害"，突然之间失效了。而且，在崩溃的房地产市场面前，无法找到避难的场所。

在 2008 年 12 月 31 日，财政部部长保尔森①向国会呈送了一份官方报告，报告显示其违反了原有的承诺（即那些最脆弱的银行都将被纳入政府援助计划），这主要是限制了问题资产救助计划的援助范围。报告对问题资产救助计划进行了重新定义，要求只有那些通过压力测试要求的银行才能获得该计划的救助，而压力测试的诸多条件让很多银行觉得遥不可及。

问题资产救助计划基本上是为了紧急经济稳定法案能够获得国会的批准而设定的一系列承诺，但是在批准后却以完全不同的策略加以推行。除了那些银行业中的强者之外，许多社区银行（它们的服务对象主要是普通民众）都只能依靠自身的力量渡过危机。

如此历史情形下的另一个难题是，2008 年 11 月 5 日，美国选民选举巴拉克·奥巴马为美国总统；11 月 6 日，国家过渡到一个新的政府，新政府将面临这些仍然在发酵的问题。不管谁将赢得这场胜利，新总统的行政班底必须要立即采取措施，以控制住这个金融不稳定的历史时期的局面。不能回避的事实是，无论发生了什么，他们都将会承担一些必要的责任，而这可能是由他们的前任造成的。

值得赞扬的是，奥巴马政府从一开始就在其刺激经济复苏的一揽子计划中囊括了小企业融资的相关内容。2009 年 2 月，刚刚进入角色 45 天，奥巴马政府就推出了名为《美国复苏与再投资法案》（ARRA）的经济刺激计划，涉及金额 7870 亿美元。其中包括给予小企业管理局 7.3 亿美元的资金额度用于扩张信贷和投资计划。

---

① http：//web. archive. org/web/20090429194236/，http：//www. financialstability. gov/docs/AGP/sec 102ReportToCongress. pdf（accessed September 30，2013）.

部分资金用于减免借贷双方的相关费用，并将合格的 7（a）项目贷款的担保比例提高至 90%。对于借款人而言，这种更高层次的担保覆盖率和更优惠的借款成本将鼓励银行发放更多的贷款，并提高借款人对小企业管理局融资担保的接纳程度。对于许多企业主而言，回避小企业管理局的融资支持仍然较为普遍，因为他们对此通常都有一些错觉，即参与此类融资会招致更多的政府监管，以及接受担保是财务薄弱的表现。

紧随《美国复苏与再投资法案》之后，奥巴马政府又于 2010 年9 月推出了《小企业就业法案》，该法案扩大了贷款担保范围，并进行了更大程度的费用减免，于 2011 年施行。该法案还响应了小企业管理局在经济复苏阶段增加小企业贷款限额的请求。7（a）旗舰贷款项目和 504/CDC 债券融资计划的规模限制一并由 200 万美元调升至 500 万美元。此外，小企业管理局还修订了北美产业分类标准中若干行业的规模标准，从而首次增加了 122000 个符合小企业管理局融资帮扶标准的项目。

两项法案的综合影响是为许多企业主和新兴交易提供了更具弹性、期限更长的融资选择。突然之间，这些企业主获取了大量的资金，因此，他们可以将其用于采购大量的原材料、进行必要的基础设施建设并获取更多的增长。2004 年，取消 7（a）项目贷款补贴增加了较大额度贷款的担保费用，费用率达到了令人瞠目的 3.75%，但在《美国复苏与再投资法案》的安排下，对于借款人而言，此类贷款的担保费率在一段有限的期间内将降为零。从这个角度看，这是一项力度较大的经济刺激措施。

当然，小企业管理局的担保并不意味着将一项糟糕的交易转变为好交易，它只是通过赋予放款人更大的弹性以发放更长期限的贷款，从而使得公司的现金流状况可以支撑开展有利可图的交易。小企业管理局的担保等同于美国政府的充分信任和信用，若以财务语言加以解释，则是其安全性与美国国债相当。所以，以一项 25 年期的以优惠利率加点方式定价的不动产贷款为例，对其进行的担保可以在二级市场中出售给意愿投资者，这些投资者偏好于略高于政府债券的低风险收益率。

该法案对于银行和其他的小企业管理局放款人产生了较大的影响，即他们的合作伙伴可获得的担保贷款限额突然之间增加了150%。在资金来源不存在问题的情况下，当许多社区银行家积极营销这些《美国复苏与再投资法案》下的贷款项目时，贷款销售溢价，额外的贷款利息，以及抬升的服务费用，都使得他们欣喜若狂。

但是，一些放款人还有其他的策略。无论是否关注小企业管理局支持的贷款项目，许多银行发现，可以将这些更大的限额和廉价的转换成本作为一种再融资方式，从而将现有的贷款组合转换为更长期限的小企业管理局贷款。此种转换的目的在于使借贷双方都能够获益，而获益的程度取决于借贷双方各自的情况。

对于银行而言，上述转化方式可以实现如下目标：（1）减少未知（或可能是已知的）的信用风险暴露，将信贷组合置于小型企业管理局的风险保护伞之下；（2）通过出售这些担保贷款来获取一些急需的非息收入。综合影响是降低了银行的风险损失，并能够快速获取回报，而这有助于缓解许多银行所面临的风险压力。

对于借款人而言，上述转化方式也可以实现两个目标：（1）通过期限、利息支付等方面的重新安排可以减少现金流压力；（2）如果他们的财务状况碰巧好于其将要融资的银行，那么，他们就可能获取一些原来已经被拒贷的融资。

小企业管理局的标准贷款条款的弹性更大，银行方面由此还能获取的好处是其可以减轻优质客户的财务压力，以避免将这些可能的优质项目作为问题债务加以重组（TDR）。但是对于其他一些银行，这些转换为小企业贷款的转融通贷款仍然会发生违约，它们中的一些会于 18 个月内重新与小企业管理局洽谈。如果贷款账户的问题重现，这些需要重新与小企业管理局协商的贷款仍然不会成功。

小企业就业法案中的条款之一是为小企业管理局的监察长办公室提供 1000 万美元的预算，用于持续监督由《美国复苏与再投资法案》及其配套政策所支持的给予 90% 担保的贷款，以确保放款人无法对其滥用。

2013 年 1 月，根据《反欺骗政府法》，由于滥用《美国复苏与再投资法案》中 90% 的贷款担保的相关规定，PNC 金融服务集团①因此成为首家面临指控的引人注目的银行。这导致这家银行支付了 710 万美元的罚金，以及小企业管理局偿付贷款损失的相关费用。此后的数月内，监察长办公室声明，由于多项相关贷款发生问题，证明他们之前的警告都是有效的，因此，对《美国复苏与再投资法案》下的贷款审计将会持续进行。

供给和需求——有人需要贷款吗？（其结果是什么？）

出版商鲍勃·科尔曼是小企业管理局最杰出的观察家，其在多次电视访谈中都指出，"小企业管理局并不需要紧急救助"。② 在很大程度上，鲍勃的观点是正确的，因为真正的危机并未出现，在这种情况下，小企业管理局还是要求联邦政府立即对其历经锤炼的业务模式进行干预。实质上，小企业管理局的 7（a）项目为一项信用保险基金，其以保险精算的方法来判断未来的资金储备水平。504/CDC 项目的融资来源为投资者购买长期债券的资金，在危机发生之

---

① Department of Justice，www. hustice. gov/opa/pr/2013/January/13 - civ - 109. html（accessed September 30，2013）.

② Coleman Report，www. colemanreport. com/wp - content/uploads/2012/10/colemanreport 082211. pdf（accessed September 30，2013）.

前，其已经成功运作多年，也并未需要一项补贴以覆盖贷款损失。

但平心而论，小企业管理局确实获取了一些额外的帮助。2004 年，布什政府取消了 7（a）项目补贴，即微不足道的 7200 万美元，以近乎翻倍的担保费的形式将项目的全部成本转嫁给借款人，即从担保额的 2% 上升到 3.75%。对银行服务费用首次进行一项持续的评估。在贷款的生命周期内，这些服务费用共收取 55 个基点。一些人正确地认识到，这意味着税费的实际增长，只不过是换了个名字而已。

奥巴马政府通过对 7（a）项目提供合计 5.62 亿美元的补贴资金，削减了借款人于 2010—2011 财年支付的担保费，直接减轻了借款人的负担。从 2011 年 10 月 1 日开始恢复正常的项目费用，而且小企业管理局也提前准备好接受面临更高的贷款损失的挑战。因此，在 2012 财年和 2013 财年，项目计划预算①再次分别获得了 3.63 亿美元和 3.51 亿美元的补贴②，用于覆盖这些更高的预期损失。2014 财年预算呼吁不再为 7（a）项目提供补贴。

这是一项紧急援助吗？虽然并不完全是，但它却是一项从联邦预算中拨付的特别资金，用于支持小企业融资达到预计的水平，而这主要是因为担保资金的损失正在持续上升且高于历史趋势值。假定投入的资金适度，我们就可以将其确切地表达为 7（a）项目获得了稳定的资金支持，而不是支持力度趋于减弱。

这些年小企业管理局提供的全部补贴合计约为 13 亿美元。而接受问题资产救助计划、联邦存款保险公司和美联储③的大规模联邦注资的三家主要银行——花旗集团、美国银行和摩根斯坦利，接受的

---

① SBA, www. sba. gov/about – sba/sba_ newsroom/fiscal_ year_ 2012_ budget_ summary（accessed September 30，2013）.

② SBA, www. sba. gov/sites/default/files/files/1 – 508% 20Compliant% 20FY% 202013% 20CBJ% 20FY% 202011% 20APR（1）. pdf.

③ Final Report of the Congressional Oversight Panel，March 16，2011，33.

援助资金分别为 4760 亿美元、3360 亿美元和 135 亿美元。经两相对比可以看出，小企业管理局的 7（a）项目补贴成本不过是对大型银行援助金额的小数点部分。

尽管奥巴马政府所做的种种努力，众多的小企业仍然表现得不温不火。在提供数不清的税收优惠，以及颁布不少于三项促进为年收入少于 750 万美元的全美 2650 万[①]家公司提供运营资金的独立立法之后，从 2010 年至 2013 年，这个市场基本上是一口"枯井"，而这进一步使得政策制定者、银行家以及那些直接与就业增长相关的种种考虑产生了极大的挫败感。

与此同时，撰写贴切的叙述来解释这种情况似乎是一场持久战。在财经新闻中，有连篇累牍的故事出现，用于描写企业主由于未能在其社区银行融得足够的资金而倍感沮丧。媒体和贸易组织喋喋不休地指责金融部门对信贷投放的把控过于严格。大量的调查和研究通过真实的数据证明了这种焦虑。

对于了解这些年企业主的资金供需状况而言，佩珀代因大学的 PCA 指数[②]可能提供了最为全面的描述。该指数基于收入规模，将这些样本企业划分为两个不同的组别，分别为小于 500 万美元（这也是本书要引证的数据）和介于 500 万美元与 1 亿美元之间。该项调查始于 2009 年初，其调查范围遍布全美，调查频率为每季一次。其为这些年融资市场的供需情况提供了令人信服的阐述。

显然大衰退所带来的压力远远超出了金融行业，且持续的时间也更长。这项调查甚至也显示，约 1/3 的受访者反映，相比于前一个季度，交易账户回款的速度更慢。[③]

---

① U. S. Census Bureau, www. census. gov/econ/smallbus. html （accessed September 30, 2013）.

② Pepperdine University, "PCA Index Survey Responses, Second Quarter 2013. "

③ Ibid. , 19.

自前一个季度以来，仅有 26% 的受访者曾经试图获取外部资金。[①] 在他们中间，70.5% 的受访者反映，要在此期间获得新的外部债务融资仍然是非常困难的。[②] 利用上述两项数据推断得出，实际上全部受访者当中，仅有 18%（26%×70.5%）的受访者发现融入资金是比较困难的。即认为难以获取外部融资的受访者少于整个调查回应者的 1/5。

在企图获取外部融资的 26% 的受访者当中，43% 的受访者是为了维持增长或业务扩张，27% 的受访者是为了满足流动资金的需要。约 6% 的受访者表示融资条件在恶化，1% 的受访者选择以债务融资替代权益融资。[③] 在运行良好的经济周期中，以债务融资替代权益融资的受访者不太可能成功获取其想要的资金。

对于其他 74% 的未曾尝试获取外部资金的受访者而言，他们中的 70% 认为，未想获取外部融资的主要原因是"有充沛的现金流或者其融入资金已经到位"。其余的 4% 认为，"疲弱的经济形势"是其融资意愿降低的主因。[④]

最后，该项调查披露，仅有 29%（增加 11%）的受访者有意在未来六个月中融入资金，[⑤] 他们之中 89% 的人的主要目的是为成长机会融资或补充流动资金。非常引人注目的是，在有意贷款的群体之中，66.4% 的受访者预计获取债务融资将是非常困难的。[⑥]

佩珀代因大学的调查提供了一些实际数据，我们可以从这些数据中获取一些背景知识，而这些信息在过去两三年内在媒体中几乎不曾披露过。从调查对象的情况看，对资金的需求明显趋缓。显而

[①] Pepperdine University, "PCA Index Survey Responses, Second Quarter 2013.", 20.
[②] Ibid., 22.
[③] Ibid., 25.
[④] Ibid., 26.
[⑤] Ibid., 35.
[⑥] Ibid., 40.

易见，小企业筹资的意愿减弱主要是由于以下事实，即他们并不需要资金。一言以蔽之，缺乏融资兴趣在很大程度上是由于经济停滞不前。当一些公司濒临绝境时，放款人和投资者很少会对这些经营失败的企业主施以援手。即便大衰退在许多人记忆中形成了难以磨灭的痛苦，但若持有以下观点则是相当可笑的，即当违约风险确定时，银行有倾向或义务去部署高额资金加以应对。

但是来自供应方的论点表明，银行家们有足够的数据来支撑以下事实，即他们已经倾尽全力来增加贷款投放。银行资产负债表上报告了2万亿美元的现金储备①，这也可能是银行史上数额最大的现金储备，许多银行的季报显示，小企业贷款正在稳步成长。美国银行甚至宣布，他们新雇用了1000名②放款人，同时，富国银行宣称他们在2012年和2013年间新增了1500名放款人。③ 由此看来，形势甚好！

就有记载的数据而言，2012年富国银行率先成为年度发放10亿美元小企业管理局贷款④的银行，该贷款额度约占整个项目资金的5%，约3000家合资格的银行参与了该项目。

当然，真正的答案是，在技术层面上双方都是正确的。在2011年到2013年，美国大银行发放的小企业贷款不断增加。但是，对相关数据进一步的分析显示，这些大型银行正在分流社区银行的相关业务。⑤

---

① Forbes, www. forbes. com/sites/robertlenzner/2013/07/16/householdscorporations – and – banks – are – hoarding – 14 – trillion – cash/（accessed September 30, 2013）.

② Bank of America, http://newsroom. bankofamerica. com/press – release/promotions – and – appointments/（accessed September 30, 2013）.

③ CPA Practice Advisor, www. cpapracticeadvisor. com/news/10941069/wells – fargo – enhances – small – business – lending – and – services（accessed September 30, 2013）.

④ Wells Fargo, http://www. wellsfargo. com/press/2013/20130620_ WFUSSBA Large Lenderofthe year（accessed September 30, 2013）.

⑤ Inc., www. inc. com/Jeremy – quittner/lending – big – banks – federal – reserve – small – business – administration. html（accessed September 30, 2013）.

一名亚特兰大银行行长描述了如下的两难境地，即多年以来，该银行一直专注于为需要获得营业场所的医生和牙医发放小型医疗实践贷款。由于该项业务蓬勃发展，收入和利润的可预测性较强且较为稳定，所以，这些贷款的风险也较低。银行可以通过合理的定价吸引此类业务，定价水平为在优惠利率的基础上加 1～1.5 个百分点，四年多来这一定价水平保持在 3.25% 左右。

在这种情况下，一家在全美排名前十的银行开始关注这个产品细分市场，并为牙医们提供 20 年期 2.75% 的固定利率贷款。大型银行有多种获取长期资金的渠道，而这绝非是小型银行的社区储户基础所能比拟的，因此，它们可以为客户提供如上更优惠的条款。

既然如此，大型银行向小企业发放的贷款增加了吗？答案是肯定的。这种现象是由于小企业自身更大的需求所导致的吗？答案是否定的。因为这只是大银行利用其在财务定价方面的优势，通过向借款人提供较低的固定利率价格来赢得业务，进而蚕食了部分小型银行已经发放的优质贷款份额。

对于小企业主而言，另一个较为明显的供给方问题是，当 2008 年出现经济衰退时，许多银行通常采用了更为严格的贷款标准，而这种现象从未真正地改变。许多企业主多年来与当地银行家互动而获取的可信度或信心已经毫无踪迹地蒸发了，而它们目前仍尚未恢复。

就许多已经习惯于利用自身的不动产获取融资的企业主而言，通缩和房地产市场的不确定性也降低了资金供给的意愿。公司的规模越小，其对房屋净值信用额度（HELOCs）消失的感觉就越强烈。

获取资金的其他障碍还包括，大量的银行破产导致了其现有的与成千上万客户之间的融资关系被迫中止，甚至连最优质的客户也被搁置一边，而新银企关系的建立则面临着长期的不确定性。多家公司都已经感受到经济衰退对金融系统造成了巨大的影响，即这意味着重新开启一项银企关系变得非常具有挑战性，即便申请人从未有过拖欠还款的记录。

再加上如下因素的叠加作用，即个人投资组合收益的消失、退休金计划损失以及持续降低的企业营业收入，难怪企业家的信心在走下坡路。"城门失火，殃及池鱼"，谁会想在这时扩大业务呢？

在该期间，小企业融资问题来自供给方还是需求方，这将取决于观察者看待问题的角度。但是，如下说法可能最为精确，即来自双方的问题同时存在，它们一同拉长了后危机时代美国经济的低迷期。

对后危机时代金融监管的反思

从1980年开始，美国开始步入银行业放松管制的发展时期并发布了一系列相关法案，包括《存款机构解除管制和货币控制法案》（1980），《甘恩—圣哲曼储蓄机构法案》（1982），以及《次级抵押贷款市场促进法案》（1984）。

毫无疑问，在20世纪70年代，为了对抗通胀，美国政府将利率恢复至历史最高水平实施货币干预，在此之后，形势变化似乎证明这是一个较好的政策选择。储蓄和贷款协会（S&Ls）正在其自身的历史业务模式下挣扎生存，即以短期存款发放长期贷款。但是，在众多行业说客的协助下，国会成功地将储蓄和贷款协会纳为银行监管，而二者并不具有相同的规则、商业实践或者管理能力。在很大程度上，储蓄和贷款协会仅是对过去离奇有趣的回忆而已。

紧随着这一波相对快速和激进的银行体系变化，在1980年至1994年间，共有2935家银行破产，储蓄和贷款协会危机也随之出现。而在1994年至2007年间银行经营失败的案例则大幅减少，仅有58家银行破产。但是在1998年通过的《格雷姆—里奇—比利雷法案》（GLB），2000 年通过的《商品期货交易现代化法案》之后，自 2007 年开始共新增 505 家银行破产。

一些专家，比如保守派智库美国企业研究所（AEI），将房地产市场的崩盘归咎于鼓励房屋所有权的住房和城市发展（HUD）项目以及《社区再投资法案》（CRA），该法案要求银行向为其提供储蓄的社区发放贷款。但是，该观点忽视了一个更广泛的共识，即流动性差的无担保抵押贷款证券引发了市场失败。美国企业研究所呼吁的市场化改革未能成功地识别这些刚刚发生的证据。

虽然爱尔兰和西班牙没有住房和城市发展项目以及《社区再投资法案》，但是它们也提供了类似的刺激政策，即通过一些非传统的金融工具将抵押贷款证券化以提供宽松的货币环境。因此，爱尔兰和西班牙也面临着严重的房地产泡沫问题。

让我们重新回忆，吉祥美（Ginny Mae）于 1968 年开始交易政府支持企业（GSEs）的有关证券。这些证券为住宅抵押贷款支持证券（RMBSs），即由成千上万的分布于不同投资级的具有相同结构和贷款条款的住房抵押贷款所担保的债券。但是，1984 年的市场化改革（次级抵押贷款市场促进法案的推出）改变了这种情况，所罗门兄弟公司也于此时推出了没有政府支持企业（GSE）支持担保的住房金融证券化工具。

国际货币基金组织（IMF）前首席经济学家西蒙·约翰逊曾指出，私有住宅抵押贷款支持证券（不含政府支持企业支持的抵押贷款）的交易量从 1984 年的 110 亿美元增长到 1994 年的 2000 亿美元，再增长至 2007 年的 3 万亿美元。[1] 该交易量在 2004 年超越了政府支持企业发起的抵押贷款量。私有住宅抵押贷款支持证券的借款标准更低（比如，简单，不需要收入证明），其证券化的标的都是那些低

---

[1]　Simon Johnson and James Kwak, 13 Bankers: The Wall Street Takeover and the Next Financial Meltdown（New York: Pantheon Books, 2010）, 76.

质量和高风险的抵押贷款。

没有任何一项联邦住房政策要求一家银行创建、销售这些产品或利用其进行竞争，从而导致灾难性的后果。所以，可以说，应该是住房金融市场化改革的某个元素导致了危机。

谴责政府部门掩盖了金融危机的真正原因，即金融监管不足。真正的罪魁祸首可能是《格雷姆—里奇—比利雷法案》，其废除了《格拉斯—斯蒂格尔法案》，打破了商业银行、投资银行与保险业务之间长达 65 年的屏障。该政策使现实社会中出现了"太大而不能倒"的银行，比如，全美最大的 20 家银行拥有 78% 的银行业存款份额。

紧随其后的重要法案是 CFM，其对将衍生产品视为证券进行监管的行为做出豁免。债务抵押证券（CDO）市场的崩溃导致了金融危机。基于上述证据，应该受到指责的是政府支持企业而不是华尔街，这种倾向谴责联邦政府掩盖事实，为万恶之源。这是否是哲学或意识形态的推理并不重要，如果客观推理，则有更多的证据来支持以上观点。

绝大多数经济学家、学者和研究员，尤其是莱文—科伯恩（Levin – Coburn）报告[①]和高度政治化的金融危机调查委员会[②]，一致认为，市场崩溃源于流动性枯竭，而通过影子银行系统发行的债务抵押证券是其主要原因。

CFM 豁免将衍生品视为证券进行监管。在 2004—2007 年，利用信用违约互换以及评级机构的共谋，银行大肆销售这些为准优级抵押贷款（Alt – A）和次级抵押贷款融资的证券，并获得了极大的成

[①] www. hsgac. senate. gov//imo/media/doc/Financial _ Crisis/FinancialCrisisReport. pdf？attempt = 2（accessed September 30，2013）.

[②] www. gpo. gov/fdsys/pkg/GPO – FCIC/content – detail. html（accessed September 30，2013）.

功。剩余部分都已成为历史，而如果没有《格雷姆—里奇—比利雷法案》和 CFM，这一切都不可能发生。

更清楚一些地说，政府支持企业并非没有责任。房利美（Fannie Mae）为起源于 20 世纪 30 年代的联邦项目，意在为小型银行提供流动性支持，这些小型银行有意为住房融资需求发放贷款，且它们也可以持有 15 ~ 30 年期的抵押贷款的风险敞口。房利美于 1968 年通过发售股票实现公开上市（这终结了其股份具有明确的联邦担保性质）。1970 年，房利美获得了可以购买私人非政府担保的抵押贷款的授权。1981 年，房利美发行了其首期抵押贷款证券，同时显而易见的是，其发行的证券面临着市场风险。购买这些证券的社会公众总是依赖以下明确的感知，即隐性的联邦政府担保可以保护他们的投资不发生损失。

在整个 20 世纪 90 年代和第二任布什政府执政期间，房利美利用各种变化的住房政策标准增大了国会干预的难度。在该期间，房利美卷入了政治活动，其组织了最大的说客团队，并投入巨额资金以影响国会决策。

众所周知，房利美与这些年为他们设定的绝大多数的政策目标进行博弈，并累积了大量的会计丑闻。房利美虚报自身收入超过 60 亿美元，这导致自 2011 年以来对其高级管理人员的刑事起诉超过 100 宗，而这样做的目的仅仅是为了抬高这些高管人员的奖金。

也许是联邦存款保险公司前主席希拉·贝尔在其 2010 年的一次讲话中很好地总结了这一窘境，"事后来看，政府支持企业的抵押贷款享有隐含的政府担保。在这种情况下，利润被私有化，同时，风险被社会化。这注定了一场事故将无可避免"。① 虽然绝大多数人同意，如果没有一些政府的参与，就不能获取足够的长期资金以支撑

---

① www. fdic. gov/news/news/speeches/archives/2010/spoct1310. html（accessed September 30，2013）.

美国房地产市场的发展。所有这些可能性都充满着权力滥用的风险，而这一切仅仅是为了轻松获利。

房利美通过公开发行和率先创造更好的金融产品实现了房地产行业融资的迅速扩张，而这么做的良好初衷完全是为了实现值得称赞的公共政策目标。但是过于依赖市场化改革的问题就是，市场参与者的短期利润冲动，并通常加之以非法手段辅助。该问题已经一再被证明会对金融和银行系统以及他们的利益相关方（储户、借款人、投资者、纳税人以及整体经济）产生严重的后果。

当政策制定者将竞选捐款用于特定行业免税和增加预算赤字时，他们并没有特意为不法行为创建解决方案，而往往是与不法行为串通一气。此类歪曲通常会导致意图良好的监管形成扭曲的结果。放松管制产生了许多积极的效果，因为过度监管会扼杀真正的经济机会。但是与此同时，当政策制定者完全脱离监管对象的现实情况时，也会发生监管缺失现象。

那些善意的人们热切盼望一个管制较少的市场。对于一个放松管制的环境而言，他们必须为此提供一个替代和可行的解决方案。该方案应该能够使市场参与者免受紧随最早期的监管改革后出现粗劣的产品、策略以及不正当利益的侵扰。放松管制的努力所形成的经济扩张并没有为除受管辖以外的任何一方带来福利。

消费者已经饱受电信、航空、银行和能源产业放松管制所导致的高成本和低质服务的困扰。他们能够获得更多的产品选择吗？如果答案是肯定的，购买这些服务的价格是原来的两倍或三倍吗？如果答案再一次是肯定的，人们全都对自身的电信服务、行李费、银行服务或电费满意吗？显然，这不太可能。

倡导适度监管的人们必须努力防止权力滥用，这些滥用常被视为裙带监督，其总是源于被监管者试图寻求隔离或减弱旨在建立行为边界的特定法规的影响或效果。他们通常会在规则的扩散过程中抑制竞争和规避责任。这些实际情况逐渐对意图良好和必要的规则形成了伤害，与此同时，这也引发了公众情绪转而支持不遵守规则的官办企业。

不可思议的是，监管对象群体中出现了诸多品性不端的呼吁自由市场的声音。这些言论出自那些崇拜奥地利经济学派理论的政策建议者之口。尽管这些公司声称更能代表实际的市场参与者，但是它们不断地试图操纵政府以规避监管或竞争，并以独占的方式损害竞争者和消费者的利益。换句话说，它们的行为并不能代表自由市场。当市场中的所有买家都有机会获取相同的有利信息，卖方也能够公正充分地披露销售标的的真实风险时，在金融行业赚取利润就是一件非常好的事情。但是放松管制确认了以下观点，即我们的经济需要保护那些没有能力维护自身利益的行为人。

在众议院委员会面前，艾伦·格林斯潘承认，其过于相信自由市场的自我调节能力。他指出，"我们中那些指望以利己主义为中心的贷款机构能够保护股东权益的人们，包括我本人在内，都处于一种极度震惊的状态"。①

完整陈述的所有主要部分令一些人非常恼火。对于放松管制对普通的银行客户、小型投资者以及金融产品成本的可预测影响而言，有人主张设立"栅栏"加以应对。同样地，由于次贷危机而备受指责的大型银行及其支持者们开始不断回应质疑，并挑战意图对其实施监管的新法规。

20 世纪 90 年代蓬勃的金融自由化浪潮出现于前高盛联合主席时任财政部部长罗伯特·鲁宾的任期之内，这将政府对金融市场的监管力度降至逾半个世纪以来的新低。有趣的是，随后的危机在经历过史上美国政府对金融市场的最大干预后才获得转机，而本次干预

---

① "Greenspan Concedes Error in judgment," New York Times, B1, October 24, 2008.

则是由前高盛首席执行官时任财政部部长亨利·保尔森主导的。

自危机发生接下来的几年内，《多德—弗兰克法案》得以颁布，其弥补了许多明显的金融监管真空。尽管早些时候监管部门试图合理放松金融市场的管制，但是该法案的颁布却招致了对其的种种谴责。那些由联邦政府量化宽松政策拯救的行业对此强烈反对，四年以后该法案涉及的大量执行细节方案仍然有诸多尚未落实。

很多年来，该项法案实际的综合影响仍然不完全清楚。同时，多名观察家预测，其最终的官方规则将达30000多页。说客、律师以及金融行业的支持者们已经并仍然在持续不断地寻找法规漏洞，借以规避法律的初衷。换句话说，在很大程度上，上述情况仍会不断重现。

本章注释

1. Julie Hirschfeld Davis, "Bailout Bill Slapped Aside; Record Stock Plunge," Yahoo! News, Associated Press (September 29, 2008).
2. "Dow Jones Industrial Average Historical Data," Dave Manuel.com (accessed September 30, 2013).
3. Bob Ivry, Bradlay Keoun, and Phil Kuntz, "Secret Fed Loans Gave Banks $13 Billion Undisclosed to Congress," *Bloomberg Markets*, November 28, 2011.
4. Roger C. Altman, "The Great Crash, 2008—Roger C. Altman," *Foreign Affairs*, January/February 2009.
5. "Americans' Wealth Drops $1.3 Trillion," CNNMoney.com, June 11, 2009.
6. FDIC, www.fdic.gov/news/conferences/sbl.html (accessed September 30, 2013).
7. http://web.archive.org/web/20090429194236/,http://www.financialstability.gov/docs/AGP/sec102ReportToCongress.pdf (accessed September 30, 2013).
8. Department of Justice, www.justice.gov/opa/pr/2013/January/13-civ-109.html (accessed September 30, 2013).
9. Coleman Report,www.colemanreport.com/wp-content/uploads/2012/10/coleman report082211.pdf (accessed September 30, 2013).
10. SBA,www.sba.gov/about-sba/sba_newsroom/fiscal_year_2012_budget_summary (accessed September 30, 2013).
11. SBA,www.sba.gov/sites/default/files/files/1-508%20Compliant%20FY%20201%20CBJ%20FY%202011%20APR(1).pdf.
12. Final Report of the Congressional Oversight Panel, March 16, 2011, 33.
13. U.S. Census Bureau, www.census.gov/econ/smallbus.html (accessed Septembe 30, 2013).
14. Pepperdine University, "PCA Index Survey Responses, Second Quarter 2013."

15. Pepperdine University, "PCA Index Survey Responses, Second Quarter 2013.", 19.

16. Ibid., 22.

17. Ibid., 20.

18. Ibid., 25.

19. Ibid., 26.

20. Ibid., 35.

21. Ibid., 40.

22. Forbes, www.forbes.com/sites/robertlenzner/2013/07/16/householdscorporations-and-banks-are-hoarding-14-trillion-cash/ (accessed September 30, 2013).

23. Bank of America, http://newsroom.bankofamerica.com/press-release/promotions-and-appointments/ (accessed September 30, 2013).

24. CPA Practice Advisor, www.cpapracticeadvisor.com/news/10941069/wells-fargo-enhances-small-business-lending-and-services (accessed September 30, 2013).

25. Wells Fargo, https://www.wellsfargo.com/press/2013/20130620_WFUSSBALarge Lender of the Year (accessed September 30, 2013).

26. *Inc.*, www.inc.com/jeremy-quittner/lending-big-banks-federal-reserve-small-business-administration.html (accessed September 30, 2013).

27. Simon Johnson and James Kwak, *13 Bankers: The Wall Street Takeover and the Next Financial Meltdown* (New York: Pantheon Books, 2010), 76.

28. www.hsgac.senate.gov//imo/media/doc/Financial_Crisis/FinancialCrisisReport.pdf?attempt=2 (accessed September 30, 2013).

29. www.gpo.gov/fdsys/pkg/GPO-FCIC/content-detail.html (accessed September 30, 2013).

30. www.fdic.gov/news/news/speeches/archives/2010/spoct1310.html (accessed September 30, 2013).

31. "Greenspan Concedes Error in Judgment," *New York Times*, B1, October 24, 2008.

第二部分　一场完美风暴持续上演

第4章 亚马逊、谷歌和脸谱
所创造的范式转换

> 我们必须重新考虑以前对市场的若干认识。
>
> ——克里斯·安德森，《联线》杂志总编辑

当美国房地产市场整体下行，金融业处于困境之时，美国经济又发生了一个重要的转变，即我们已经步入了数字时代。不仅是内存打字机、无线电话、语音识别软件，而且移动互联已成为常态，全球都在分享和信任"云端"① 信息，这在以前是从未有过的。

如果偶尔了解到一个60岁的熟人不能使用电子邮件，我们可能会认为这是一件奇怪的事（甚至是罕见的）。即便如此，我们应该对以下事实给予足够的关注，即90后（Generation Z）也不使用电子邮件（不要与千禧一代相混淆）。实际上，他们几乎不打电话，而是频繁发送短信。因为电子邮件显得"过于冗长和正式"。

在这种情况下，许多人困惑于上述演变，他们继续坚持使用笔记本电脑键盘，这倒也无妨。但是，对于绝大多数的商业领域，如果不考虑技术加速进步的现实及其最终的演化方向，将无异于自杀，特别是银行业。

在20世纪70年代早期，自动柜员机（ATM）为银行储户取款提供了很大的便利，储户可以在每天任意时刻从这个自动化的机器

---

① "云"为一项术语，指各类计算资源，这些资源涉及大量以互联网连接的联网计算机，可利用其按需实时获得所检索的数据。

中提取现金。不需要再排队去兑现支票，仅需将塑料卡片简单地插入自动柜员机，同时输入个人身份识别号码，就可以从机器中取现。自动柜员机取现也是获取无息隔夜贷款的来源之一。每当母亲们将支票邮寄至学校的时候，学生们就可以从那些离行式自动柜员机中取出不需签名、无担保以及免息的预付款，金额为 25 美元或 50 美元，用于在当地酒吧中与友人们短暂的相聚。

然而，第一代自动柜员机于 20 世纪 60 年代推出后的一段时期，客户对此新生事物的接受程度并不高，在最终选定一个银行可以负担、客户简便易行的模型之前，其经历了多个失败的版本和实施计划。从引入自动柜员机的概念到 20 世纪 80 年代中期所有银行实际上提供自动柜员机以及绝大部分客户开始使用它们，这期间大概经历了 25 年的时间。

亚马逊创建数字信任

自中世纪期间欧洲贸易商从亚洲进口香料和丝绸以来，消费者选择就是各行各业的企业都需要面对的挑战。企业主知悉，消费者的多重选择会增加自身成本，并会对产品和服务的竞争价格形成压力。业界构建了诸多的商业模型以生产单一选择的产品，并尽可能地利用产品的其他属性如定价、外观以及装饰来取悦消费者。

以麦当劳公司为例，该公司的目标客户群体为儿童，在其经营场所通常提供游戏场地、曲奇饼干、冰激凌以及开心乐园餐。但是，孩子们并不是就餐与否的决定性因素。唉！原来是麦当劳为他们做出了就餐决策，比如，搭配番茄酱、芥末和泡菜的汉堡。巨无霸汉堡包含双层牛肉饼、特制酱汁、生菜、奶酪、泡菜、洋葱，以及芝麻籽圆面包。对麦当劳而言，特殊订单是亏本生意。

汉堡王则打造了一种完全不同的商业模式。请回忆，"拿着泡菜，拿着生菜。特殊订单难不倒我们。我们需要的是为您提供满意的服务"。通过吸引那些坚持自身选择的消费者，汉堡王将其他餐馆的刚性经营策略转变为自身的竞争优势。同样地，温迪国际快餐连锁集团进一步发展了上述模式，设计制作了其单层、双层及三层肉饼三明治。

虽然麦当劳目前的经营状况良好，但就消费者而言，拥有多项选择仍然是非常重要的，更不用说汉堡王和温迪国际快餐连锁集团还是其充满活力的竞争对手。相较大多数行业而言，食品行业更早地适应了选择需求，但应该说是书商产生了最具革命性的变革。

1995 年，杰夫·贝索斯站在数字革命的前沿，创建了亚马逊网络购物中心用于销售书籍。虽然这场革命非常成功，但是消费者对能从其银行账户中提现的机器所产生信任的时间并不长，这时，他们不得不将自己的信用卡号码交给一家无实体的、不知名的互联网公司。虽然与接受自动取款机相比，这似乎是一个更高的门槛，但是其进展要快得多。

当前，消费者通过亚马逊可以购买成千上万种商品，许多零售商也可以通过亚马逊与他们原本可能永远不会接触的客户建立联系。这一切究竟是如何发生的呢？贝索斯较早地认识到了商业经营中的长尾现象。他也并未因此而孤寂，他的公司不仅成功地为客户提供了几乎无限的选择可能，而且也在实质上引导客户依据自身的购买方式发现与其自身消费偏好相关的新的目标选择。

什么是"长尾"呢？即随着数字市场中无限存储空间的出现，旧有的商业限制将被打破，这将允许消费者购买他们真正想要的产品，而不是那些预先设定好的随机选择的产品。这也将永远改变产品的销售模式。

2006 年出版的《长尾理论》一书为上述经济理论提供了最佳解释，该书由《联线》杂志主编克里斯·安德森所著，建议对数字市场感兴趣的读者一定要阅读该书。

在该书中，安德森解释了如何通过与 Ecast 首席执行官罗比·凡·艾迪的对话，于 2004 年终结了其先前对于数码产品销售的意识。Ecast 为餐馆和酒吧提供在线自动点唱机服务，该服务可以提供一个几乎无限的音乐播放列表供顾客选择。

凡·艾迪请安德森猜测，Ecast 的 10000 个专辑播放列表中有多少歌曲至少每季度播放一次？[①] 依据广为接受的经济规则，80% 的销售收入来自于 20% 的产品（二八法则），安德森的判断是 20%。不幸的是，他的判断是错误的，这一数字应为 98%。很显然，传统的经济规则并不适用于数字世界。

传统观点对此提出了挑战，即凡·艾迪引用的单一一个季度专辑播放追踪的案例看起来似乎并不足以反映一家公司的运营状况。但是如果考虑到依据消费者选择制作音乐光碟，在公司平台上存储这些需求，并按需播放等一系列成本，突然之间会发现这并不是一个非常疯狂的想法。与成千上万人对范围狭小的同一选择相比较，当我们汇总不同的差异选择而形成的经营成果时，将收益与成本相匹配，通常发现这往往会超出提供范围狭小的同一选择服务所产生的效益，虽然范围狭小的选择能够获取更多的个体销售额。

在安德森的书中，其利用了如何销售音乐碟片的例子来阐释长尾理论。请回忆 20 世纪 80 年代本地的音乐碟片商店，消费者对音乐的选择受限于房地产的成本。我们成长于一个畅销文化盛行的世界之中，事实上可获得音乐的 20% 产生了 80% 的音乐碟片销量。为什么会这样？上述统计现象的一个主要贡献因素是店主们储备了太多的上述 20% 类的碟片，因为他们预期此类碟片会卖得更好。

假想一家面积为 3000 平方米的商店，其中布满了用于盛放唱片

[①] Chris Anderson，The Long Tail（New York：Hyperion，2006），7.

专辑的齐腰高的箱子。因为总库存会受限于可用空间，所以，商店的前半部分都是 20% 类的唱片选择，剩余的空间则满是 80% 类的唱片。绝大多数的专业类别，比如古典、爵士、民间、国际音乐，通常会被归并为一个部分，因为它们的周转率较低所以不值得拥有更多的空间。

实质上，经营者的商业计划、房地产市场状况以及财务约束导致了商店空间的稀缺性。这是一个经济瓶颈，即由于供应端而不是需求端的失真，导致了受限的唱片销售和错失的商业机会。

在安德森写作《长尾理论》一书时，他描述了"平均而言，沃尔玛要经营 4500 种不同的音乐 CD"是如何做到的。① 依据以销量判断的相对受欢迎程度，将这些选择划分为不同的类别，比如流行/摇滚（1800），拉丁（1500），福音歌曲（360），乡村音乐（225），古典/轻松音乐（225）。那些年每年都有 30000 份左右的新专辑发布，沃尔玛仅仅收录了它们中的 750 份（或 2.5%）。沃尔玛提供给消费者的 4500 份专辑少于全部发行专辑量的 0.5%。

安德森进一步指出，"稀缺、瓶颈、分配的扭曲，以及对货架空间利用的主观臆想等所有的问题都集中出现在一家大商店中。但是如果步入沃尔玛，您会对丰富多样的产品和多样化的选择感到震惊"。与此同时，亚马逊则为客户提供了 800000 份左右的专辑选择。

长尾理论的本质是，可用商品已经远远不止于那些 20% 最畅销（称为"巨头"）的商品，而且几乎可以是无限的。如果市场中没有对买方选择的人为限制、阻碍和干扰，那么对全部商品的需求将等于或者超出对"巨头"商品的需求。

虽然一家典型仓储式的书店通常有 200000 种商品可供选择，但是亚马逊却在数字云端拥有无限的存储空间，并可以向客户提供无

① Chris Anderson, The Long Tail（New York：Hyperion, 2006），154 – 156.

限种选择。如果要在一家超大卖场中找到一本书,可能需要先搜寻其所属的行业类别(比如商业),然后再找寻货架上该行业的子行业(比如管理)。在这个阶段,消费者必须通过扫描数十种或数百种标题,在各种选择中间搜索,才能最终精确地找到一本书。

在亚马逊,要找到一个特定的主题或题目非常容易,这只需要输入一个标题的名称、作者或者主题范围即可。另外,算法同时分析一段时间内单个消费者的人口统计学特征、偏好以及购买模式,这样做的目的是为了定位消费者,并向其推荐可能感兴趣的相关主题和标题。原来在书店里闲逛的购书者由此获得了一种全新的购买体验。

亚马逊经过六年的时间才开始盈利,它颠覆了原有的图书销售世界,并且开始转型成为零售商。消费者们也改变了以往通过驾车去当地购物中心购买商品的消费习惯,他们开始上网购买普通商品(从音乐碟片到计算机,甚至包括保健和美容援助)。联合包裹服务公司(UPS)和美国邮政管理局(USPS)已经从这场销售方式的革命中大大受益。对于许多在线零售商而言,他们不再需要缴纳固定的租金,但需要支付运输成本。

虽然我们很容易观察到贝索斯在销售书籍方面的成功,但被人们忽视的却是他完成零售业转型的个人使命。他的模型非常容易模仿,即通过建立一个超级零售网站来满足人们对各种各样产品的需求。但是信任问题将会成为人们利用网络购物的障碍,谁会信任家庭住址、电话号码以及信用卡号等相关的信息呢?

贝索斯认识到,真实销售能够获取信任,于是他将亚马逊设计成为世界最知名的零售收银台。购买者并不需要在每一个在线零售商处输入买家的私人信息、运输以及付款信息,只需在一个入口输入相关信息即可。利用亚马逊作为零售业的搜索引擎,顾客可以非常简便地发现需要的商品,并从不同的供应商处选择有竞争力的价格，通过给予信任利用亚马逊进行便捷式付款。

亚马逊为客户们提供了一个熟悉的界面，并允许每个客户在网站中维护自身的付款选项，以备为完成每笔销售提供相关信息。运输信息也能够很好保存，这保证了多项交易的快捷和安全。目前成千上万的小型在线零售商和服务提供商使用亚马逊作为它们的公用收费平台，他们利用客户对知名品牌的信任给其以舒适感以及客户不必重复发出交付指令给其以便利感。

易趣几乎与亚马逊同时起步，并已演变成为一家在线闲置物品销售商。但是绝大多数此类交易并非在商店中进行，因此同样地，易趣也没有成功效仿被认可的零售商对相关存货的管理。但是，在 10 年以内，易趣在线管理商品的销售量等于沃尔玛成千上万的商店的销售量。更令人印象深刻的是，易趣每名员工所创造的平均收入约为 500 万美元，几乎是沃尔玛的三十倍。[①]

因为绝大多数易趣卖家不接受信用卡付款，这就需要另一种支付解决方案。为此，贝宝支付引入了一个中介平台，该平台为客户提供有限在线存款账户和支付界面，客户可以借此实现现金转账。该平台对于易趣的重要性不言而喻，因此，易趣于 2002 年收购了贝宝支付。

谁回答了谷歌上的全部问题呢？

在 2012 年，大约发生了 1.8 万亿次[②]的谷歌搜索，或者说平均

---

①　Chris Anderson, The Long Tail (New York: Hyperion, 2006), 202.

②　StatisticBrain. com, www. statisticbrain. com/google – searches/ (accessed September 5, 2013).

每天发生 51 亿次。全球人口约为 71 亿以上[①]，但仅有 24 亿人[②]上网，因此，我们平均每人每天要问谷歌 2.1 个问题，什么时候我们变得如此好奇呢？谁回答了谷歌上的所有问题呢？

我们知道谷歌是最为有效和成功的搜索引擎，其能为互联网云端的用户在没有明显成本的情况下发现和解读有关信息。自谷歌于 1998 年成立以来，其已经增加了电子邮件服务、办公套件、图像编辑、网页浏览，以及几十个与其他信息／媒体相关的服务和产品，以满足全球人口对信息无尽的需求。现在请关注"明显"一词。

没有人为谷歌的搜索引擎、电子邮件、图片管理以及许多其他免费产品付费，但是用户也付出了他们的代价，即隐私。虽然享有任何一项此类服务都需要承认和同意谷歌单方面拟定的协议，但仅有极少数的用户选择了阅读这些长达几十页且满是法律术语的协议。这些被用户们遗忘的条款允许谷歌无限制地利用用户数据，并可以精确地描述用户在一段时期内的行为特征，而这可能会让许多人感到震惊。

既然这些数以亿计次的搜索、免费的电子邮件和存储空间并不能产生可见的收入，那么，谷歌如何获取 2012 年度 500 亿美元的收入呢？其 95% 的收入来自于广告费用。这些爆炸式增长的有线电视频道、网络流媒体以及 24 小时的轮播新闻已经极大地分流了传统的电视、广播和印刷媒体的广告收入。显然，这远远不只 500 亿美元。

谷歌重塑了广告业。其有效地解决了广告投放中快速上升的高成本问题，即媒体广告的空间和时间资源按个体差异以英寸和分钟为单位销售。而这本质上是由于各种媒体空间或时间的稀缺性所造成的。对于这些大型公司，比如通用汽车或纳贝斯克公司，想象一

---

① U. S. Census Bareau，www. census. gov/popclock（accessed September 5，2013）.

② InternetWorldStats. com，www. internetworldstats. com/stats. htm（accessed September 5，2013）.

下处理数以千万计的广告收入所需的人手。如此多的市场和广告媒体，意味着许多人不得不参与其中，这也要求广告业务的买卖双方都需要投入更多的成本。

谷歌开发了客户驱动系统，当买方需要并按出价排序后，该系统被有针对性地加载并加以计时。广告商为搜索排名竞标，并以关键词搜索定位他们的广告，关键词与他们的销售标的和销售对象有关。谷歌的系统以哪类人应该关注哪类广告来摆布优先次序，甚至可以根据与关键词的匹配度来对信息的相关性排序。

通过跟踪计算机用户利用全球最受欢迎的搜索引擎访问的网站，以及关注的信息和问题，谷歌创建了强大的广告目标市场选择的基础架构，这将会大大降低广告交易双方的成本。同样地，广告商围绕关键词模板来设计广告信息，这使他们能够向那些具有特定兴趣的人群发送有关信息，而类似的兴趣在客户接受的服务或产品类别中反映得并不明显。

您的意见是有价值的

在对自我过去的自由回忆中，我发现，当租赁第一个毕业后的公寓时，我开始以不同的生活方式有规律地生活，当时 12000 美元的年薪也能够支持这样的生活。通过使用一张新的西尔斯百货的信用卡，我的小住所中塞满了各种各样的新灯具和小家电，以增加原本空荡空间的家庭气息。那时，这些新家电，比如，开罐器、搅拌机和烤面包机，都附带着一张未盖戳的打印明信片，邀请买家注册购买的商品，以保证该产品能够获得厂家的保修保障。

通常来说，这些明信片需要从中间对折，在邮寄之前用订书器订好或用胶带粘贴。在折面中包括多项消费者调查问题，此类问题大都非常相似，比如，"请指出您的兴趣点（可以多选）"，大多包括 20～30 个的选项，例如，杂志、狩猎、运动以及音乐等。

可能会问您的其他问题包括，是否拥有住房或租赁住房，是否拥有一辆汽车，是否有小孩，其他是一些看似无关痛痒的有关习惯、需求和偏好的问题。接下来的一些问题则变得更具侵入性。比如，受教育程度、购买住房或租赁住房的成本、婚姻状况以及收入情况。

就如同一个机器人，这个家庭需要填写完整并邮寄这些保修明信片，以确保所购买的电器能够获得厂家的保修保障。如同试图理解一场罕见的车祸，因为某些原因我竟不能阻止自己回答这个愚蠢的调查（曝光一下：是的，我每年都忠实地参加出版商的清算所抽奖）。

过了好些年，我才意识到，我在商界中的高傲形象并不是收到这么多不请自来的邮件的原因。一项历时十年对所有那些贴付邮票的明信片的全面调查，完整地勾勒了我本人的详细资料。有谁知道这里面包括多少数据采集装置呢？但是并没有人对此拒绝。欢迎来到元数据的山麓。

一个人能拥有多少朋友？考虑脸谱（全美最受欢迎的在线社交媒体网站）的情况，其最多允许建立 5000 个朋友关系，但是就脸谱迷而言，对于有多少人可以"喜欢"您的或您的公司页面，这里并不存在真正的限制。

脸谱产生于哈佛大学校园，最初是对校园女性的略微有些性别歧视倾向的公众评价，其目的是为进行约会选择的校园男性提供方便。直到 2005 年，其使用范围仍然仅限于教育网站、大学和高中学生。许多成年人（比如说我）开始秘密地进入脸谱社区，其目的在于留意孩子的社交生活和朋友。

今天，脸谱已成为一家上市公司。尽管发行非常成功，其上市首日集资 380 亿美元，真是令人难以置信的奇迹，但是，脸谱首次公开发行上市仍为史上最臭名昭著的案例之一。虽然该公司的全球用户超过 10 亿人，但是他们中的绝大多数都不能解释该公司的收入模式。所以，绝大多数脸谱用户并未真正理解他们仅是脸谱的产品，而非客户。

成年人、公司和其他推广者的追逐使得许多年轻人开始离开脸谱。相当数量的人群已经认识到，如果您未满 23 岁，脸谱超酷的地位已经过时。毕竟，对于一则笑话或在青少年朋友圈中传播的帖子而言，莎莉大婶叽叽喳喳地将其打断并进行评论，而这暴露出她对所谈论的内容一无所知。有什么比这更好的方法来令您的朋友更扫兴呢？呜呼，承认我收到的账户信息（业务推广）与很多朋友一样，为我的孩子的账户信息的两倍多，这是件非常痛苦的事。

看起来，绝大多数邮件信息或者是明目张胆的商业促销或是对政治的抱怨。一些分析和算法对您的朋友进行排序，用于摆布邮件次序以供您查看。虽然许多游戏和应用程序提供了一些下里巴人式的娱乐（比如，"朋友们"给我的精品推荐中的"开心农场"，"请我喝一杯"，"教父战争"），但基本上脸谱似乎只是这样的一种工具，其介于很多有聊天需求的人们与一些其他需要生日祝福、活动邀请、共享意识形态以及闲聊来填满生活空间的人们之间。

脸谱主要是信息分享。如同高中青少年、大学生或者 20 多岁的工作人士大量的生活细节所汇集起的信息一样，"这是一座金山"。这座金山就是数据。通过提供免费的基于网页的聚会目的地，脸谱使用户可以自由地交流、漫游、披露信息、发布广告、促销、表达情绪。而脸谱则获得了由其用户和这些用户日益扩大的朋友圈所带来的大量数据。

虽然最初以年轻用户为目标消费者，但是脸谱也存在着大量的七八十岁的老人用户。它已经逐渐取代了老式的交流电话，甚至一些家庭开始共享相同的电话号码。对于脸谱而言，年长和成熟的用户可能意味着其在短期内会获得更多有价值的数据。

　　用户可以自由地发布许多信息，包括昵称、生日、出生地、所在城市、电话号码、图片、朋友、政治倾向、时尚偏好、社会事业、人际关系、性格、志向，甚至灾难等。人们谈论得越多、分享更多的观点、上传更多的图片、交换更多的信息，脸谱就能更容易地掌握用户的特征信息、偏好、消费轨迹。

　　也许更令人感到不安的是，脸谱也是脸部识别软件的领先发展商，这意味着名字和人脸将共同置于元数据中以供将来参考。当前，这意味着当您上传照片时，脸谱可以主动提供照片中这些人的名字。但显而易见的是，这项技术会带来更多的社会影响。

　　想象一下，当一名潜在客户步入银行时，客户服务代表的电脑屏幕上弹出了该客户的名字、信用报告以及财务状况等信息。通过使用手机作为标识符，这种情景已经发生，至少包括名字。当然，将从放置于办公室中的安全摄像头获取脸部识别，这样的未来也并不会太遥远。

　　当然，脸谱并不是唯一从事上述工作的主体，而且脸谱也已经改变了数据收集的方式和深度。相互竞争的数据整合者正在拼抢所有有价值的信息，包括关于人、机构、系统、预算、资本市场、气候、经济状况、人口普查，以及其他的绝大多数信息。而且，这些竞争者们在以各种不同的方式对这些信息进行解析、分类、分析和解释。

　　依据 ProPublica 的说法，[①] "一些公司收集一些正在经历'重大生活事件'的人们的名单，比如，结婚，买房，子女上大学，甚至离婚等。信用报告巨头益百利（Experian）有一个单独的营销服务部

---

　　① 译者注：ProPublica 是一间总部设在纽约市曼哈顿区的非营利性公司，自称为一个独立的非营利新闻编辑部，为公众利益进行调查报道。

门，其销售按周更新的'新生儿的准父母和家庭成员'的名单"。①

一些公司正在收集数据以辨识您的爱好、购物倾向，以及可能选择阅读的书籍。国际援助慈善机构捐款人以及信贷资讯服务商 Equifax 的子公司（信用报告公司）的监控表可以反映全美 38% 的雇员详细的薪酬信息。

对于各种各样的买家而言，数据可以以多种方式货币化。这些买家非常渴望利用加工后的数据表格发现自身的市场。在消费者决定购买标的之前，可以利用这些分析提前获悉消费者的需求。数据挖掘可以用于创建各种产品或活动的销售、营销以及广告目标列表。在 2012 年，相信锁定微观目标的数据有助于巴拉克·奥巴马总统发现最有可能支持其竞选的家庭和个人，这些微观数据便于寻求支持、募集捐款，以及鼓励支持者的朋友和支持者本人站在一起，并最终投票。事实上，它也确实有效。

这些变化会如何影响小企业融资呢？

最近 30 年来，商业贷款的性质并未有太多变化。除了利用电子表格获得准确而快速地计算、利用互联网获取信用报告，用于记录贷款项目讨论的文字处理技术之外，商业银行只进行了一些为数不多的改进以提高其筹资及向企业主配置资金的效率。

其他的行业，甚至一些其他银行的部门，已经更早地接受了科技进步并采取了相关的策略，以增加其客户数量和市场份额，降低处理信息所需的人工干预，创建更为简单的路径来实现收入目标。许多地方的商业贷款仍然需要纸质申请，每年都会形成成千上万的

---

① ProPublica, "Everything We Know About What Data Brokers Know About You," March 7, 2013, www. propublica. org/article/everything – we – know – about – what – data – brokers – know – a-bout – you.

纸质文件。

关注升级的贷款技术的一个例外是 nCINO。该项技术提供一个贷款申请/管理平台，通过载入各种各样的客户数据，提供许多有特色的处理过程，与处于商业贷款过程不同阶段的各个方面分享信息。业务拓展者、经办人、决策者、终审人，以及其他相关人士可以通过自己的电脑以电子文件的形式浏览到贷款申请信息、商业评估报告、产权报告、终审文件以及全部的客户文件。

nCINO 的诞生源于对更有活力的服务平台的渴望，此类平台将改进过去 20 年中令人疲惫的贷款审批过程，会推升效率并提供各种支持服务，以促进贷款增长。在 2008 年成立的 LiveOak 银行里，没有人对银行业创新感到陌生，其成员共同决定运用先进科技加速银行发展，即便在有些情况下他们自己要亲自动手。实际上他们也是这么做的。[①]

该借贷平台在 SalesForce. com 上运作，SalesForce. com 是一项令人肃然起敬的技术，它能够在无须改造的情况下提供银行运营所需要的安全环境。nCINO 的平台设计非常简洁：

● 将贷款流程分解成多项明确的任务，以确保每项任务的责任能够清晰地分配给特定的参与者；

● 利用一致性的模板管理信息，该模板可以提供捷径并提升效率以加快办理流程；

● 以优先顺序管理那些必须履行的责任，减少处理交易所需的时间；

● 提供数字文件夹来存储交易文档，并在合适的时机由授权参与人对其进行评估；

● 为参与各方提供从发起申请至交易结束过程中每步交易的清晰理解。

---

① "Our Story," ncino. com, www. ncion. com/about/ （accessed September 5, 2013）.

鼓励参与方在交易过程中增加注释，这样可使每名参与者都能够及时了解交易的实时进展，以减少利用电子邮件和电话的沟通成本。当需要了解某些情况时，可以将有关这些情况的问题上传至平台中，这将提醒了解信息的参与方实时回答有关问题并与所有相关人分享这些信息。

文档管理器和备忘录确保参与方能够及时了解尚不完整的信息以及关心这些信息的主体。当达到设定的基准和涉及透明问责的标志时，可以使用警报提醒相关的参与方注意。每个参与方都了解各个阶段交易的情况，以及谁是交易的推动者或耽搁者。

文档标签由平台自动化处理，该平台可以阅读文档内容并对标题进行解读评价。这样可以防止 PDF 文件被奥多比公司（Adobe）自动命名，保存的文件名类似 192EF0593858383829294.pdf。

最后，该平台还能跟踪结果。如果一名贷款审批人或经办人总是报送被否定的交易，或该交易在获批后快速违约，那么这些交易细节将会被迅速曝光。平台可以多种方式追踪贷款量、信贷质量和组合绩效，这也为贷款管理提供了重要的工具。

虽然该平台为小企业管理局担保的贷款所创建，但是它也很快地适应了传统的工商业贷款。实际上，该公司也在计划推出针对抵押贷款和消费贷款的版本。

迄今为止，该公司已经与超过 40 家兴趣高涨的银行用户分享了这项技术。这对于商业贷款走出黑箱时代是一个好的开始。

同时，对于可能出现的疑虑，公司主管承认，一些监管者（和银行家）对于将此类信息置于云端有安全方面的担忧。但是坦率地说，与依赖 20 世纪 70 年代纸海战术的贷款审批方法相比，解决这些担忧，并确保此类信息得到应有的保护在成本方面将是更为低廉的。

贷款的多样性

一家商业银行并不能提供不同贷款产品的无限选择，即构建一项债务工具的方法是有限的，这是一个可以在亚马逊的长尾中知悉的教训。商业贷款发放人，包括商业银行、财务公司或租赁公司，都倾向于与这个相同的竞争者一决雌雄，包括商业不动产贷款、设备贷款以及那些需要应收账款融资的行业等领域。即，在未经深思熟虑的战略考虑将关注点转移至特定的市场领域，或者也未提供一种不同的方式以达成相同贷款结构的情况下，他们都争先恐后地争取在相同的贷款项目中分得一杯羹。

通常而言，一笔典型的商业贷款由四项必须与客户协商的主要因素构成，即贷款金额、利率和费用、偿还条款、抵押物和担保。绝大多数银行都会采取与上述完全相同的方式发放贷款。既然流程完全相同，那么，通常在面对这些竞争性的贷款发放者时，客户们所了解到的唯一差异是银行的经营特性。或者说，是一些对银行经营常态较为激进的偏离。比如，为了赢得业务，一家银行主动将贷款利率降低 1/4。

为什么不打破常规，并以价格以外的工具进行竞争呢？比如，贷款期限、贷款押品杠杆、增加限制性条款的弹性等。或者，为什么不将关注点集中于细分行业领域，并且设计更好的交易结构，通过降低服务或管理成本来获取更大的市场份额呢？

虽然，100% 的现存客户基础可能并不接受任何特定的新方法，所有的潜在客户可能也不会。但是，以 1 号备选法削弱竞争对手在一些领域的竞争力，再以 2 号备选法进一步削弱竞争对手的实力，诸如此类，这样做可以不通过降低价格来获取竞争优势。相对仅依赖于竞争性的价格，上述做法对于银行家们蚕食竞争对手的客户和利润来说时间太长。

对于管理者而言，为客户及潜在客户提供更多的选项就像制作一份备选文件清单一样简单。一成不变的方案并不能令所有的客户满意，同样地，对于 20 世纪 70 年代陷入困境的竞争者而言，调整贷款结构、定价计划和一般条款将有助于其赢得业务。给定可以利用定价措施和对其他条款的适度调整可以更好地保护放款人利益，那么对于放款人而言，这样做的成本几乎可以忽略不计。这样做所导致的风险暴露仅会增加少许的信用风险。

亚马逊已经证实，长尾与头部区域都存在着同样的商机，长尾客户所带来的利润等于甚至可以超过头部客户。对于商业贷款发放人而言，实施一些超越常规的创造性思考并不一定意味着，贷款或组合会具有更大的信用风险或结构性风险。这要求对典型的交易结构进行解析，以判断需要略微修订多少条款，修订内容作为一项业务发展工具用于维护贷款定价。只要贷款人能够提供符合客户利益的便利选项，客户一般都会选择，这一点令许多市场人士感到惊奇。

谷歌开启了一条从大量开放式的数字信息源中提取信息的快捷路线，这些信息源持续增长，以至于整个人类知识库几乎每年翻一番。谷歌已经将该项搜索功能转变为一项锁定用户的工具，这就意味着，放款人可以基于目标客户资料在网上寻找潜在客户，其他人也可以这样做。

不管是利用谷歌广告还是有针对性的横幅广告，除了您可以精确地统计查看特定广告的用户外，销售搜索策略就如同销售印刷广告。利用谷歌，这意味着当特定区域的需求者搜寻特定的供给时，就可以看到相应的广告，比如，商业贷款或设备租赁。然而，不必在使用这些特定术语方面浪费精力。以前阶段的搜索已经发现了2.42亿项结果，所以可以肯定地说，许多方面已经采纳了此种想法，首批12名行动者中就有9名放款人。

但是，如果更多地从战略方面考虑，那么为什么不加入那些与您有相同融资兴趣的客户群呢？如果您想租赁迈克卡车，那么，加入到有同样想法的群体之中会是一个不错的选择。该项搜索有530万项结果，但是第一阶段的这些结果没有一家是财务公司或银行。

同样地，通过关注潜在客户感兴趣的设备品牌、地产开发商或其他资产，可以更快速地发现目标客户。有时，利用上述方法挖掘目标客户将远远领先于客户的购买决策。这对于卖家而言是非常好的。在进行全面搜索之前就能够获得客户的关注点和兴趣所在有助于成功营销客户。

在分析和审批贷款的过程中，编撰信息和数据并非是什么新鲜事。但很奇怪的是，在当今的数字时代下，金融行业在拓宽如上搜索以获取更多或更好的信息方面却没有取得什么进展。此外，存在许多可以绕过客户端的信息源以获取额外和有意义的数据，这些信息源的可信度较高并且操作简便。

本书中真正有关数据的教学时刻还在后续的章节中。这些后续的章节将介绍，创新型的放款人如何基于银行支票账户来审批贷款。再一次重温上述语句。

考虑一下上述情景。银行保有大量珍贵的现存客户的财务数据，除了在有限的情况下用于测度客户关系情况，这些珍贵的资本往往容易被忽略。比如，平均的客户存款量，再比如，客户从银行获取的贷款量。在反映上述情况的同一份报告中也会出现对一项业务的现金回收情况的简单加总数据，按天、周、月或者季度对该数据进行分析，并依据平均回款情况评估客户每天或每周的行为规律。月平均银行存款和平均账户余额会提供一家公司实时运营情况的直接证据，但是绝大多数银行并没有确认，在分析客户的财务状况时仅仅依赖于企业自身编制的且仅能进行事后反映的财务报表。

政府按月发布有关的统计数据，其主题范围也在日益增长。此外，对各类问题的公众监督所形成的有关统计数据也可纳入信贷决策的考虑之中。即便如此，仅仅有少数几家银行定期采购、规划和利用这些能够在交易中和战略上有助于其经营决策的信息。

年复一年坐等客户上门，并向其提供一成不变的产品的时代已经一去不复返了。如果要重复这样的老路，势必自掘坟墓。新一代企业主正在发掘可替代性的融资来源，这些新型渠道会为资金需求方带来更大的便利。比如，资金供给方对信贷项目的决策时间可缩短为两个小时，而不是两个月。两个月的审批时间在一些银行并不罕见。

能够设计更多的深思熟虑及创意型的产品和条款以满足客户的需求和偏好，是一项显而易见的竞争优势，因为在商业贷款领域，几乎没有人认识到需要采取这样的措施。就淘汰通过购买陈旧的邮寄名单并花费数千万美元向这些名单中的客户寄送产品清单而言，主动锁定对特定商业主题感兴趣的客户或者是正在找寻战略性资产的客户，这仅仅是一个开始。

传统的商业贷款形式一成不变，其总是伴随着大量必须要搜集的令人厌倦的、陈旧的信息列表，其在最近十年也不会发生太多变化。但是增加那些便于获取的免费信息源绝对物超所值，因为通过这些信息源，用户可以在几秒钟内毫不费力地获取信息，并为其所关心的问题提供佐证和信心。

本章注释

1. The "cloud" is an expression used to describe a variety of computing resources that involve a large number of computers connected through the Internet and accessible to retrieve data on demand in real time.
2. Chris Anderson, *The Long Tail* (New York: Hyperion, 2006), 7.
3. Ibid., 154–156.
4. Ibid., 202.
5. StatisticBrain.com, www.statisticbrain.com/google-searches/ (accessed September 5, 2013).
6. U.S. Census Bureau, www.census.gov/popclock/ (accessed September 5, 2013).
7. InternetWorldStats.com, www.internetworldstats.com/stats.htm (accessed September 5, 2013).
8. ProPublica, "Everything We Know About What Data Brokers Know About You," March 7, 2013, www.propublica.org/article/everything-we-know-about-what-data-brokers-know-about-you.
9. "Our Story," ncino.com, www.ncino.com/about/ (accessed December 30, 2013).

第5章　寻求投资回报率的
私募股权投资

在投资过程中，虽然高额的薪水、丰厚的佣金和资本收益都是对投资者富有吸引力的致富途径，但是这些途径都是一些稍纵即逝的机会，很难复制和重现。随着时间的推移，重新配置累积资金所产生的复利效应，能够使早期已获得的实际财富实现增值。

虽然亿万富翁的身份正处于一种新的（膨胀）状态，这一度被戏称为如同实现成为一名百万富翁的愿望那样稀松平常，然而，很少有人能够真正实现积累100万美元实际股权净值的目标。更确切地说，这一词汇应当只适合于用来描述实际价值，而不是从24小时循环广告片中所听到的那类财富，这些广告片旨在出售一类图书，讲述如何从预期的房地产泡沫和易变的租金所产生的稳定资金流中致富。

对于居住在世界上经济最发达国家的人们来说，他们赚取利润和获得成功的机会四处可见，数以百万的人几乎都具有成为一名真正百万富翁的合法诉求，这可以通过努力工作、日积月累、运气爆棚或遗产继承来实现。这里不缺乏对任何人意欲获取成就的尊敬，但是百万富翁们的地位已经大不如前。

许多当前的富人们通过以下方式完成财富积累：在过去的三代人里缴纳极低的所得税、激进的资本市场创造了大量的短期股票价格泡沫和房地产市场持续膨胀。这些情形为他们打造了一笔可观的养老金，但是，这实际上通常同样依赖于公共政策或资本市场操纵，而非依赖于能够创造致富途径的拼命工作和独特才能。在许多情况下，某些人在市场上赔钱是为了让其他人赚钱。

美联储的低利率政策及其对私人投资者的影响

无论情况如何变化，财富的稳定状态就是要求或希望能够从投资中产生持续的收入现金流量。闲置资金通常会按照通货膨胀率加上机会成本收益率的比率不断贬值。在先前的十年间，即便有担保的银行存款利率在大多数年份里要高于通货膨胀率，但是，投资者仍有足够的空间去创业投资并获取不错的收益率。

然而，为了应对金融危机的影响，联邦储备银行采取的货币政策改变了这个时代。在从 2007 年 10 月到 2008 年 12 月的 14 个月期间里，美联储将联邦基金利率降低了 5.25 个百分点，这对于鼓励私人部门的资金借贷行为绝对是一种万福·玛利亚（Hail Mary）式的刺激。

美联储通过实行极端的低利率政策，将一部分利润转移到了那些运营良好的银行，这些银行受益于融资成本的下降要快于贷款利率的下降。此外，在全球经济陷入衰退的情况下，低利率政策降低了银行对企业、信用卡持有人和其他机构未清偿债务的成本，这能够确保帮助直线下降的销售金额和利润实现软着陆。

低利率政策最终由投资者来为其买单。突发性的利率变化使很多投资者（特别是固定利率存款人和债券持有人）在非常短的时期内形势大好，但是，也有许多投资者在到期日选择放弃交易，因为很少有按接近于通货膨胀率的利率进行支付的选择权。许多采用 3%~4% 的保守收益率估计的退休人士，突然发现自己的退休本金缩水了。数以千计的退休人士被迫重返工作岗位，来补充或弥补私有财产的贬值。

后来，美联储推出了定量宽松政策，以大量买进新发行政府债券的形式，将低利率政策拓展到其他部门，这迫使投资者去寻求其他能够提高收益率的机会。这样做的目标同样是为了促使资本配置到高风险领域，并以此刺激停滞不前的经济，实现经济增长。

我们早在十年前就已经研究过这些政策的所有结果了，然而，今天我们能够给出的最好表述是，或许我们可以避免让事情变得更糟。并且，"或许"一词必定将被批评者们牢记在心，他们对最后的结果会永远表示质疑。在金融危机期间，股票市场从最艰难的时刻开始强劲反弹，但是股票市场的复苏或许应该归因于这些年里发生的其他很多变革，以及除了上涨别无选择这样一个事实。

华尔街并非一条繁华的商业街（Main Street）

临时观察员们可能认为，传统股票市场从十几年前开始就已经发生了某些重大转变，然而在金融危机发生的年份里，这些转变是急剧的和突发的，观察这一演变过程将是非常有趣的。股票市场一直在为其民主化进程欢呼，在短短 98 年的时间里，美国股民人口的占比已经由 1% 提高到了 52%，但股票市场从来没有为家庭小店准备轮盘赌的交易环境。

在查尔斯·美瑞（Charles E. Merrill）和艾德蒙德·林奇（Edmund C. Lynch）合伙于华尔街设立一家投资银行公司的年代里，事情出现了一些转化。当美林公司向其客户推荐投资机会时，他们在这些交易中完全以个人或共同的自有资本进行风险投资。公司与客户对于利益分享具有一致的利益和目的。当公司运营良好时，其客户也会获得较好的收益。

这样的时代已经一去不复返了。当前，客户资本反映出传统投资银行的业务和收入占比呈不断下降的趋势。投资银行主要专注于自有账户的交易，并将少量精力用于他们的"提线木偶"（高盛公司交易员对客户的一种轻蔑性称呼）。在金融危机期间，许多投资银行被发现首先向其客户出售新型、不透明和附有有毒抵押品的证券，然后再持有同种证券的空头头寸，这实际上是在打赌对他们赖以信任的客户会最终失败。

虽然许多投资银行家仍然定位于投资，但他们实际上是在从事交易。在今天广泛的股票市场上，作为故事来讲述的爱国主义诗歌所描述的"募集资本来投资产业、设立公司和驱动世界上最伟大的经济"，仍然是一个幻想。投资银行家们正在进行交易博弈，他们得到的收益等同于买卖交易。投资银行家们是赌场的庄家，无论投资者出现的早晚，他们都会赢得赌局并致力于保持交易量持续增长。

现在的典型投资者寻求快速获胜。买卖交易是实现该目标的一种方法。根据税法的规定，短期资本收益是指持有期限少于一年的投资收益。但是对很多投资者来说，短期可能是指对所有权进行重组的几分钟甚至几秒钟。交易是一种按某个价格购买某项资产并按另一价格（最好是更高的价格）出售该项资产的策略。在投资交易中，买入长期资产的实际投资者已经远离市场。

早前的科技进步导致短线交易者的产生，他们通过与交易数据、分析师报告和场内经纪人的直接接触，涉足股票交易者的角色。持续的科技进步使得一些机构投资者能够将交易决策编制到计算机程序中，这导致买卖交易可自动进行，交易速度远快于轮盘赌的转盘。这些技术进步本身导致了 2010 年 5 月 6 日声名狼藉的"闪电崩盘"，当时市场在下午三时左右跳水了 1000 多点（跌幅达 9%），随后市场仅仅反弹了几分钟的时间。在道琼斯工业平均指数的历史上，这是最大的单日跌幅。

科技也可以使全天 24 小时不间断交易成为可能。基于电话和传真，投资者和交易者在全球一体化的市场内以令人吃惊的速度转移资本和投资，这一市场只是在时间刚经过国际日界线的几小时周末休息间隙才会关闭。

现在交易所受到一系列横跨海陆的各种交易市场并购活动影响，这反映了他们的资产流动和迄今为止来自其他交易渠道的新竞争。技术上的失败和程序上的错误曾经导致交易发生崩溃，狂热的自动化交易引发了巨额抛售并导致一些小事故的发生，最知名的事故要数脸谱公司 IPO 交易故障的通告，该事故将数千名交易者阻隔在股票首次挂牌交易之外。

那些占人口比例52%的美国股民对这些市场变化、投资银行家对客户的漠视以及 2008 年危机爆发时市场经历的反复无常感到震惊，他们开始质疑交易市场的投资理念。自 2009 年以来，数以万计的市场参与者已经退出了市场，新资金的流入持续保持在低位。投资者在投资时不再把鸡蛋放在一个篮子里——许多成熟投资者已经开始大量转向面向实体公司的直接投资，而不是像先前那样在华尔街玩老虎机。

交易市场曾经几乎已经被忽略掉了。现在，交易市场重新收复了大部分在危机期间曾经失去的领地，并正在忙于吹起下一个泡沫。例如，2013 年 9 月，领英网站（LinkedIn. com）发起了一项出售 12 亿美元股份的增发，有些分析师认为这一发行行为极度疯狂。2011 年，该公司最初 IPO 时的发行价格是每股 45 美元。

在 2013 年的股份出售日，领英公司的股票收盘价为 252.17 美元。"根据谷歌金融网站的结果，领英公司在 2013 财年上半年仅仅取得了 6.88 亿美元的收入，但按照收盘价格，其市场价值接近 330 亿美元。在收入方面，领英公司前一季度的净收入只有 2600 万美元，因此，某些硅谷人士通常戏称领英网站为印钞机，这回避了问题实质，即一家这种利润创造水平公司的市场价值如何可能被如此高估。"以上源于 DealBook 网站史蒂文·大卫（Steven David）的评论。

在这一交易价格水平上，领英公司的市盈率（PE）达到 722 倍。相比之下，同一天脸谱公司的市盈率为 165 倍，而谷歌公司的市盈率仅有 27 倍，并且后两家公司具有更强的盈利能力。市场太疯狂了。

先买进，再投资出去

许多心有不甘的投资者加入了直接投资小企业这一新兴趋势，他们成为这些新兴企业的天使投资人（angel investors）。几十年前在退休的企业家和公司管理者中间，天使投资人趋势就非正式地开始了，他们对投资小型的初创企业感兴趣，因为这类企业提供的收益率高于单纯的财务收益率。这是一种了解当前某个行业最新情况、指导新一代企业家和发挥他们的经验与人脉的兼职方式。

风险资本通常被认为满足了初创期企业和创业企业的融资需求，这些企业真正需要高风险资本来实现重要的创意和发展战略。回溯到 20 世纪 70 年代和 80 年代，风险资本家以合伙制的形式聚集到一起，促成了英特尔、苹果、贺氏电脑制品公司（Hayes Microcomputer Products）和微软等公司的诞生，并引发了信息化时代的第一次创新浪潮。

然而到了 20 世纪 90 年代以后，风险投资吸引了太多的投资者和资金。风险投资失去了边界，并降低了风险容忍度。随便一个人向某个项目里投入 25 万美元或 50 万美元，就立马预期将获得 20% 的最低收益率。这种将风险投资的焦点转向了专业管理者的资金管理理念，其中资本管理者实际上是在操纵别人的资金，而不是将自有资金用于大规模的交易赌局。

风险资本变成了第三阶段或第四阶段的投资者，而不是去创立和打造伟大的公司，他们将高风险（高收益）的首轮投资机会留给了天使投资者。现在风险资本似乎只投资那些需要成长性资本来推动市场渗透和区域扩张并经过验证的概念、技术和产品。

虽然创新者被面向天使投资者，但这不是一个坏的形势。除了提供融资以外，天使投资者还能够提供有价值的管理建议和重要合约，以帮助公司寻找投资机会。由于没有为这些公司股票提供上市交易的公开交易场所，私营公司通过多种渠道来寻找天使投资者，包括来自投资者信托顾问和其他合作企业的介绍、投资者会议以及各种旨在提供面对面聚会的有组织的球类活动。

天使投资者承担了极高的风险，并且通常要遭受未来投资引入所带来的股份稀释。正因为如此，企业需要通过结构设计来为投资者提供非常高的收益率。当初创公司倒闭时大部分投资将损失殆尽，因此，成熟的天使投资人要求潜在年收益率不低于10%，或要求他们的初始资本投入在五年内要翻数倍，这相当于大约60%的年投资收益率。

天使投资者通过对所投资公司制定明确的退出策略，来规划实现上述收益率，例如通过公司股票首次公开发行或被目标收购方兼并收购。然而，在考虑到所投资企业的破产成本和成功投资的多年持有期之后，一个典型天使投资人投资组合的实际收益率通常在20%到30%的范围内。

投资者的高投资收益率要求导致天使融资似乎是一种高成本的资金来源，但是，低成本的资本来源（例如银行信贷融资）通常也不会在经济形势良好时为初创阶段的风险企业提供融资。2008年金融危机余波的影响和长期持续的低利率货币政策促进了天使融资的复苏，天使投资者开始引起了那些前期具有较低风险容忍度的人的广泛兴趣。

比较来看，美国估计有250000多家天使投资者，仅比风险资本基金少 900 家。2010 年，大约 61900 家天使投资人的交易总额达到 200 多亿美元，2750 家风险资本促成的股权交易总额达到 220 亿美元。这一统计数据表明了天使投资者对于初创期企业的重要性。

这些初创期企业面临的挑战是，只有 5% 的美国居民是可信任的投资者，在可信任的投资者中只有 5% 是天使投资人，并且只有 5% 的天使投资人加入了天使投资人集团。美国国内大约有 170 家天使投资人集团，虽然大多数天使投资人与其他天使投资人共同进行投资，但是这些集团并没有统一的名称、策略和投资准则，因而不必将其视为有组织的机构团体。

天使投资人每笔交易通常投入 25000 美元到 50000 美元，累计的总交易规模在 30 万美元到 200 万美元之间。根据天使资源研究机构（Angel Resource Institute）的数据，2013 年第一季度中型天使投资人每轮投资的规模为 68 万美元。当前，虽然每年几乎只达成 2～3 笔交易，但是天使投资基金对他们所考察交易的 16% 提供了融资。

一些在金融危机之后的年份成立的天使投资旨在为资本本身提供创新。许多企业家研究资本如何配置，并寻求运用现有技术为具有数百万美元融资需求的自动化分类程序提供资金，而不是投资于对新发明的创新。在这个过程中，他们将信贷员（loan officer）这一整个小企业贷款流程中成本最高和风险最大的环节排除在外。

网络银行和不断发展的信用卡网上购物活动表明，当一家安全、可靠的公司通过网络进行信息询问时，客户通过提供私密信息最终能够得到舒适的体验。信用卡公司已经收集了很多年的客户在线应用信息，除了运用信用卡管理部门的数据来基于匿名财务特征查询具有资质的预期客户外，信用卡公司还可以通过描述信用积分、邮政编码和房屋所有权等属性来给出合理的潜在客户范围。小企业主为何不尝试采用这种方法呢？

虚拟的非银行投资者开始通过网络来为企业融资提供便利，并且自 2008 年以来，这项业务一直稳健发展。运用经过验证的类似技术，融资门槛被打开，并可以通过收集必需的信息以一种新的标准化应用模式来处理企业的融资需求。

完全是在客户（或经批准的贷款中介机构）的驱动下，这种新的应用模式为投资者提供了更高的共同运营效率和更低的经营成本。这个平台需要慢慢完成全部的细节并纠正应用需要的数据入口，否则该应用就无法运行。这使人们能够避免传统借贷业务中经常附带的令人沮丧的任务。

具有讽刺意味的是，一场经济危机能够导致数千家金融机构陷入资金恐慌，这加快了竞争性资金配置系统的演进、提升和扩展，这些系统原本只实现了一小部分潜在的用途和影响。

这些系统的潜在用途和影响十分巨大。虽然我们无法从官方账户中获取这些未披露报告公司的非公开信息，但预计自 2005 年以来，通过这些渠道提供的资金总额已经超过了 1000 亿美元。尽管与企业全部的资金供给或需求总量相比，这一数字是微不足道的，但我们可以认为上述数字反映了未来不同的趋势和人口特征：

● 技术接纳和运用程度持续增加。随着主要的网络公司试图通过在许多发展中国家建立免费的互联网来实现扩展，全球的信息化技术和互联网的进步仍将持续。人口普查报告显示，在 2011 年，美国有 2.43 亿户家庭连接了互联网，这与 2001 年相比增长了 107%，其中主要的少数民族群体平均增长了 56%。而且，许多基于美国的创新型投资者将目标转向监管较为宽松的美国之外的市场。

● 企业家能力持续提升。尽管在 2011 年略有起伏，企业家能力和新设企业数量一直处于 20 世纪 90 年代以来的最高水平。考夫曼基金研究与政策副总裁罗伯特·利坦（Robert Litan）指出，"由于失业率较高，严重的经济衰退迫使许多个人所有权转为企业所有权"。55 岁到 64 岁年龄段企业家的占比已经上升到 20.9%，这反映出美国人口的老龄化趋势。

• 小型是一种新常态。"华尔街情况报告（Main Street Pulse Report）"的季度调查旨在反映企业主的未来展望和资本市场的反应，OnDeck 资本公司的报告指出，2013 年年中，小型企业主的平均融资需求金额为 44000 美元。在可以预见的未来，大型银行仍然是大公司的主要信贷提供者，但市场上也有足够多的机会去开发面向小企业融资的新渠道，不过商业银行曾经长期回避这些机会。可以肯定地说，这些小企业比大型企业具有更高的发展潜能。

• 《多德—弗兰克法案》（Dodd – Frank Act）。许多评论员预计新的银行监管法案将要求社区银行更多地承担为小企业提供融资的责任。根据《美国新闻与世界报道》（U. S. News & World Report），"新的监管要求对小型银行与小型评级机构成本的影响将是不相称的"。

• 资本市场。虽然主要的股票交易所和社区银行将如何变革还有待观察，但投资者的动机和需求将不会发生显著变化。也就是说，越来越难以想象小型银行，特别是资产规模低于 10 亿美元的银行，如何能够确保利润的可持续增长，从而吸引足够多的新资本来支持发展和把握未来发展机会。如果不把增长作为一个选项，小银行将别无选择；为了生存，小银行只能与同等规模的公司捆绑在一起。

在创新型基金崛起的过程中，投资者的另外一个机会是随着这些公司竞争力和市场份额的增强，他们需要构建更大的平台和建设更多的基础设施，这可能就产生了股权需求。投资组合的增长也需要资金供给的稳定增加，如同银行必须要提高存款增长一样，这些创新型投资者将开发一个持续增长的资金供给者名单。

目前，这些投资者大多数依赖于私募股权投资者，并以一定的资本成本为他们发起的投资组合补充巨额资金，这导致他们的单笔融资利率较高，并使得这些投资者大多面临盈利困难。如果他们最终突破了盈利障碍，他们将能够从提供贷款的银行融得资金，银行多年来为各种贷款人、消费金融公司和租赁公司提供融资。与私募股权投资者相比，银行贷款的资金成本非常便宜。

此外，随着经验和风险暴露的增加，更多保守型投资者的信心将趋于增强，这些保守型投资者包括货币基金、养老基金，以及准备买入投资组合来提高自己分离式抵押贷款证券、参与型贷款出售和证券组合投资收益率的个人。

这一领域的投资机会并不仅局限于大型投资者。P2P 借贷市场为小型投资者提供了充足的机会去融入小额消费贷款。P2P 借贷的平均收益率在 6% 到 8% 之间，这为小型投资者摆脱银行存款账户余额不足的约束（doldrums）和规避股票市场剧烈波动提供了机会。

消费者借贷市场的规模大约为 2.8 万亿美元，债务人通过该市场找到了以较低成本来为高定价贷款提供再融资的途径。贷款俱乐部网站（LendingClub. com）在 P2P 借贷市场中居于领先地位，超过了全球大约 50 家 P2P 借贷公司。

关于贷款年利率（APR）高达 72% 的预警

目前，这一领域大部分的增长和实际上的所有激烈竞争来自于高风险和高定价的信用卡转贴现服务（MCA）部门以及一些风险和定价略低的贷款公司。MCAs 购买来自其客户信用卡的未来收入现金流，每天按事先达成的比例直接从客户的信用卡系统中扣除收入来收回投资。

在已经观察到的交易中，一些 MCAs 提出预付 X 美元的直接报价，以换取 Y 美元的总体回报。虽然大多数专业评论员可能假定知名企业家将忙于计算资金成本，并基于对投资收益率和其他资金来源的分析，来决定是否接受相应的资金成本，但他们可能犯了一个严重的错误。

令人震惊的是，绝大部分的小企业所有人将他们的支票账户报表视同于财务报表：如果支票账户在年末仍有余额，那么，他们就假定公司是盈利的。许多公司未能得到银行或其他金融机构帮助的原因只是在于，他们盲目地忽略了对自身盈利能力和现金周转的基本了解。

因此，当 MCA 部门建议预付 100000 美元并要求偿付 136000 美元时，大多数企业主立刻将其演绎为自己将支付 36% 的资金成本。

MCA 预计的投资收益率的计算过程为

136000 美元（偿付金额）– 100000 美元（预付金额）= 36000 美元（净融资成本）

36000 美元/100000 美元 = 36%

但是这些企业所有人忽略的是货币的时间价值。在为预付款提供担保的过程中，MCA 要确认客户每月产生的信用卡收入金额并相应要求一个固定的收入扣除比例，这些扣除的收入将每天从信用卡系统中转移出来用于偿还预付资金。例如，如果企业每个月通过信用卡平均消费 200000 美元，MCA 要求的收入回报率为 12%，那么，信用卡处理器每个月将大约获取 24000 美元，并直接发送给 MCA 来偿付全部 136000 美元的预付款偿还金额。

大多数银行能够在总行计算这一情形：全部预付款将在 6 个月以内偿还，这意味着 MCA 获得的年收益率实际上接近 72%。显然，如果企业所有人通过快速的假定计算，推导出资金成本为 36%，那么，他们会发现预计支付的资金成本将超过银行优惠贷款利率。然而，一个需要适时提出的问题是，他们是否已经接受年利率高达 72% 的同一笔融资。

随着交易的发展，这一问题已经成为市场参与者和政策制定者关注的焦点。在商言商，我们进入这一经济体系所遵照的原理就是

"买者自负（buyer beware）"。MCAs 将很快指出，通过使用一个固定的每日收入扣除比例作为资金偿还速度的决定因素，不可能计算出以贷款年利率（APR）衡量的最终成本。此外，他们合法地预付资金以获取一个固定的收益率，因此，使用收益率等价计算方法在法律上并不适用于他们。

虽然这两种状况都是真实存在的，但他们回避了 MCAs 的透明度有多高的问题，并且运用类似模型的其他贷款人应向客户提供与潜在融资成本有关的信息。

在实践中，一些创新型投资者面临质疑，并可能会引起客户或公共政策的反击："明确你的佣金。"如果交易现金流能够在该价格下支持贷款偿还，那么，贷款方专门使用这一方法来决定第三方发起人的价格。

许多这类创新型投资者已经构建了一个由第三方发起人、贷款经纪人和独立销售发起人（ISOs）组成的广泛网络，来识别目标客户、收集应用信息和为贷款人评估提供所有的信息。

作为交易框架的一部分，如果交易达成并获得融资，那么，这些第三方将被邀请明确他们的佣金或告诉贷款人他们预期收付的佣金水平是多少。经纪人可以选择按照最终贷款规模 1% 到 15% 的比例收取佣金。

虽然该贷款人能够在法律约束下较容易地开展经营，但显而易见的冲突、潜在的轻率言行与长期的声誉风险远超出公司本身的控制能力。显然，这些高昂的潜在成本需要由借款公司独自承担，这使得资金的可获得性产生扭曲，独自承担的高成本负担也会危及增长预期，因为一名经纪人被选择将言过其实的利益置于客户利益之前。

众所周知，这种缺乏远见的定价计划将导致客户流失，并引发业界怀疑基于科技的投资者。这里应该存在旗帜鲜明的反对、社论或企业破产，对此感兴趣的数以百计的政治家应该有人发起一项实施更多管理措施的邀约。

创新型行业及其投资者应该注意这些潜在的风险，在 72% 的短期收益率面前保持冷静，以免被孤独地遗弃在市场上并欣然接受融资成本远高于银行优惠贷款利率这一事实。有道是，人怕出名猪怕壮。

本章注释

1. PBS, "The First Measured Century," www.pbs.org/fmc/book/14business6.htm (accessed October 1, 2013).
2. Greg Smith, "Why I Am Leaving Goldman Sachs," *New York Times*, March 14, 2012, www.nytimes.com/2012/03/14/opinion/why-i-am-leaving-goldman-sachs.html?pagewanted=all&_r=0.
3. Steven Davidoff, "A Trading Frenzy Over Oh-Oh-So-Hot LinkedIn Shares," *New York Times*, September 10, 2013, http://dealbook.nytimes.com/2013/09/10/a-trading-frenzy-over-oh-so-hot-linkedin-shares/?_r=0.
4. "Angel Investing—An Overview," a program of the Ewing Marion Kaufmann Foundation, 2006–2011.
5. Angel Resource Network, www.angelresource.org/research/halo-report.aspx (accessed October 1, 2013).
6. U.S. Census Bureau, www.census.gov/prod/2013pubs/p20-569.pdf (accessed October 1, 2013).
7. Kaufman Foundation, www.kauffman.org/newsroom/annual-new-business-startups-study.aspx (accessed October 1, 2013).
8. MarketWatch.com, www.marketwatch.com/story/ondeck-main-street-pulse-report-reveals-73-percent-of-small-businesses-are-optimistic-about-the-economy-2013-08-07 (accessed October 1, 2013).
9. *U.S. News & World Report*, www.usnews.com/opinion/blogs/economic-intelligence/2013/01/07/10-ways-dodd-frank-will-hurt-the-economy-in-2013 (accessed October 1, 2013).
10. Randall Smith, "Not Banks, but Still Lending Money and Drawing Investors," DealB%k, August 7, 2013, http://dealbook.nytimes.com/2013/08/07/not-banks-but-still-lending-and-drawing-investors/.

第6章　先改变场所，再改变市场

最近，银行业的业务经营者们并没有太多意气相投的地方，但所有的从业者在满足不断变化的内部要求以促成一笔良好交易的时候，都可以将业务竞争的挑战与远离竞争者联系起来。这使我们想起了艾伯特（Abbott）和科斯特洛（Costello）两人在一场著名喜剧表演中的对话："谁是一垒球员？"（这段演出可以在 YouTube 网站上观看）

科斯特洛：你是经理吗？

艾伯特：我是经理！

科斯特洛：好的，我想知道队里一些人的名字，这样当我在大街上或棒球场上遇见他们时，我就能够与这些球员打声招呼。

艾伯特：为什么确信我会将你介绍给这些小伙子？球员们个个都有一个有趣的绰号。

科斯特洛：嗯，我知道他们给那些球员起了非常有趣的绰号。

艾伯特：好的，那我们认识一下球员的位置，"谁"在一垒，"哪位"在二垒，"我不知道"在三垒。

科斯特洛：你是经理吗？

艾伯特：是啊。

科斯特洛：你难道不知道队员的名字？

艾伯特：我怎么会不知道。

科斯特洛：那么请告诉我队员的名字。

艾伯特：我已经说过了，"谁"在一垒，"哪位"在二垒，"我不知道"在三垒。

　　科斯特洛：你是经理吗？

　　艾伯特：是啊。

　　科斯特洛：你知道队员的名字吗？

　　艾伯特：我正在告诉你他们的名字！

　　科斯特洛：那么谁在一垒？

　　艾伯特：对啊。

　　科斯特洛：走上前来，我告诉你……

　　企业贷款人有时也会感到受困于类似令人发狂的循环路线，这也是商业银行批准发放贷款过程中所面临的循环困境。这一困境来自于当互相矛盾的观点交织在一起时，银行信贷没完没了绕圈子的文化特征。

　　例如，许多管理者和银行高管认为信贷投放的首要驱动因素是现金流量，因此，银行将良好的现金流量作为审查是否批准发放贷款的试金石。在贷款交易被提交审批之后，如果银行首席信贷审批员因抵押品不足而降低了贷款额度，那么，业务经营者的挫败感就会随之而来了。

　　业务经营者困惑于银行的哪一项贷款标准是最重要的：现金流还是抵押品？

　　因此，我们可以很容易举例说明市场并非永远都是正确的。由于某种原因，市场交易量从最高点下降到最低点，大量市场参与者都会告诉你他们面临无所不在的挑战。从大型零售卖场到乡村廉价商店，大多数市场具有独一无二的特征，例如在某些方面具有较高的效率或者能够满足某些特定层次的消费者需求。

　　借款人抱怨银行信贷的任性和没完没了地审批文件，这使企业主感到压抑并阻止他们获取银行贷款。那些要向公众出售股权的公司对上市与发行的成本和复杂程度感到后悔莫及。然而，这两个市场的运作方式具有许多法律依据，并久经时间检验和被大多数市场参与者认可。

当企业主考虑寻求资本融资时，银行将作为最主要的资金来源首先映入大多数企业主的脑海。但是，一些调查结果显示，银行通过压降信贷投放规模，拒绝了贷款申请人75%的融资需求。

旧观念/技术扼杀信贷活动

由于政府征用银行为战争进行洗钱活动，客户必须忍受信用风险规避、贷款规模缩减和所有的繁文缛节，并且信贷歧视将银行贷款变成一个危险的雷区，让借款人遭受融资失败。而且由于银行要同时面临许多笔贷款申请，这可能要求银行花费60天到90天时间去行使正常的贷款审批程序，最后却因贷款规模缩减而拒绝借款人或得知借款人已经转向其他人借款。

银行需要所有的档案来明确借款人的人生履历、历史财务状况，并且对品德说明的评估经常被有趣的错误所曲解。这其中可能存在沟通失败、详尽资料的错误或不完整，甚至数以千计的中间人缺乏从前台人员发展为信贷审批人的动力。

银行贷款评估5C原则中的第五条原则——品德（character）——被称为银行评估企业信用的圣杯，银行可据此评估企业的贷款申请。由于缺乏经验或死板的银行贷款审批人员的虚假印象或误解，融资者的品德可能会无意之中被扭曲。那些具有不同口音和沟通技巧更为矜持的借款人，或因习惯不同而正在适应新环境的借款人，可能被断定为可疑或不诚实。

银行通常高度依赖于FICO信用评分系统，将其作为贷款审批的重要屏障，并经常设定一个不得突破的最低审批许可分数。许多使用FICO信用评分系统的银行并不知晓FICO评分是如何推导出来的，结果这些银行会误认为 FICO 评分显示了一名贷款申请人的所有相关信息。

FICO 评分最初被用来评估借款人提出的长期住房抵押贷款申请。FICO 评分衡量了一名借款人的各种贷款历史表现指标，例如贷款偿还记录、各类贷款的组合、贷款使用状况以及借款人从最初开始借款所经历的时间长度。FICO 对意向借款对象行为进行预测的期间应不低于两年。

大多数用户（包括从银行家、房东、未来的雇主到执法官员在内）都假定 FICO 评分是一个衡量某人历史上债务偿还情况的简单指标，并且一个较低的得分表明这个人曾经在债务偿还方面不够诚信。这种假定可能存在推理性错误，而且消费者的历史信用记录只包含了大约三分之一的 FICO 评分信息。

抵押贷款极力倾向于将某个借款人视为消费者。这种定位与商业贷款在很多方面存在差异，但是 FICO 评分经常以此作为拒绝商业贷款申请的原由。这些借款人经常面临贷款申请被拒绝和承担较高贷款利率的处罚，因为根据某些客观的定义，贷款人会错误地依赖于 FICO 评分，但这一评分超出了根据分析所给出的价值。

以 FICO 的信用使用度（credit utilization）指标为例，该指标衡量的是已使用的信用额度占全部可用信用额度的百分比（例如，一张信用卡的全部可用信用额度为 10000 美元，其中尚未偿还的贷款余额为 6000 美元，那么，这表明这张信用卡的信用使用度为 60%）。

信用使用度指标是对消费者行为的一种不完全评估，该指标可能表明消费者透支了比以往更多的贷款额度，累积的债务超过了他们的处置能力，或者他们透支的信贷额度接近上限。上述这些状况也可能根本不存在。

FICO 在评分过程中也不会考虑消费者的收入或资产净值，因此，FICO 评级经常是对现实情况的一种糟糕反映。试想一位非常有钱的富人承诺在 20 年内不会有借款记录，这是一件多么难以想象的憾事，在这种情况下他或她的 FICO 评分可能为零。

另一个可能降低 FICO 评分可信度的问题是，地位重要的信用管理局几年前所做出决策，允许欠款清收机构将他们的工作档案名称置于信用报告之中。此后，FICO 开始将这些项目纳入他们的评分体系中，可以预见的是，这将导致大多数的评分偏低。

这为什么会成为一个问题呢？对于许多档案而言，这是恰当的，能够公平反映出其他不需要定期向信用管理局报告的贷款人的信用状况。但是，对其他借款人而言，他们将面临信用管理局的政策滥用，因为许多借款人会面临最初因欠款清收机构的评价，而结束申请贷款这样一个草率的现实。

过往的经历表明，每年都会有数以千计尚未偿付的付款通知（invoices）被送给欠款清收机构，这些付款通知的持有人从来都没有记账或与责任方接触——或许我应该说需要有耐心吗？医学领域中一个众所周知的做法是，只要医疗保险公司对账单做出确认的反应，那么在不必通知病人的情况下，病人尚未偿付的账单即可一并转交给欠款清收机构。

结果会如何呢？医生会给予这些典型的小额付款通知一定的折扣，价格要低于相关清收欠款的金额。欠款清收机构购买这些付款通知可谓是物美价廉，他们不希望清收太多的付款通知，只是等待电话铃声响起，准备将这些付款通知作为一个托收项目提供给信用管理局。

盲目地留下一笔可疑的尚未偿付债务，并在债务人的信用报告中被报告为债务拖欠，这的确是降低借款人信用得分的一剂灵丹妙药。这种不讲信用的做事方法将无形中影响到借款人未来的抵押贷款利率、贷款的可获得性和各方当事人的声誉风险，而且这些情况会被记录到信用报告中。

没有人曾经指控过具有良好业务经历的欠款清收行业。让事情变得更糟的是，债务清收人员在将信用管理局作为债务清收的突击方法的环境下，通常很难将名单中的欠款清收机构与信用报告提供的信息联系起来。而且，即便借款人偿还了账单，也无法保证信用管理局会及时更新信用记录。

对于那些陷入信用卡发行人不道德阴谋中的消费者，FICO 也会表现得冷漠无情，这些信用卡发行人使用诱惑性手段，通过策略转换诱使借款人不知不觉地支付严厉的利息罚金。如果借款人拒绝支付罚息，FICO 信用报告会降低借款人的信用评级，但是贷款人的误导性行为通常会被忽略。

这里所指的究竟是一种什么策略呢？在 20 多年前，零售商已经开始使用有品牌的信用卡，来为消费者在消费限额内进店购买商品提供融资，消费者在离店时将带走商品和一张每月还款付息的账单。许多零售商不满足于仅仅提供更多的购买激励政策和支付便利，百思买（Best Buy）和苹果在线商店（Apple Store）等零售商开始使用信用卡条款来销售其产品。

在 2015 年之前免收利息！广告里大声地吆喝，消费者可以在无须支付现金和在 12 个月内完成付款并享受免息的条件下，购买新式的音响系统或平板电视。在某种程度上，这种交易报价就是一种诱惑。从周末报纸的广告中可以判断出，这种销售方式很受欢迎并仍在继续进行。

在这一策略下，最初由信用卡发行人向购买者发送一份载有符合免息条款的最低消费支付额度的信用卡结账单。当然，结账单中并没有说明为了满足 12 个月免息期所需要的购买支付总额，购买者每个月需要支付的平均金额。

相反，在实践中，大多数信用卡发行人向借款人发放的账单通常规定了 36 年的分期偿还金额。好吧，这会引起购买方的谨慎，是这样吗？然而，即便对于稍微通晓这方面知识的信用卡持有人而言，这个方案中也存在一个故意将免息报价转换成高额罚息的陷阱。

例如，一名消费者购买了 1000 美元的商品，在 12 个月的免息期内他每个月至少要支付 83.33 美元来偿还全部本金，那么，他将面临哪些情况呢？假设购买交易发生在 2012 年 6 月 1 日，第一笔结账单到来时要求的支付日期是 7 月 10 日。通常，结账单在支付到期日之前的 10～15 天送达消费者。

即便借款人在账单产生利息费率之前就及时偿付了未清偿的金额，并在结账单要求的支付到期日（2013 年 6 月 10 日）完成了最后的第十二笔偿付，但是，这一过程会产生从购买日开始计算的购买总额的利息费用。

有些读者将其称为合法业务，但其他人将其视为银行为何被认为是全球最不被信任企业的根源。当原则性强的消费者拒绝被蒙骗时，信用卡发行人开始用滞纳金、令人不快的信件等方式对付他们，甚至日后将"债务"出售给欠款清收机构。这些消费者会被 FICO 给出 1—30、1—60 等瀑布式下降的评分。在这种情形下，谁真正地具有品德问题呢？

倒霉的 FICO 和信用管理局忽视了 1000 美元本金的偿还，并指定一家被监管的特许经营银行，对未还款的消费者收取低于 100 美元的罚息。这是一种错误的做法。

然而，即便消费者具有一份确定的还款记录，FICO 也无法确保会提供一个积极的信用评分。如果消费者故意选择只用一个信用卡账户，并维持一个接近账户限额的未还款余额，那么，无论是具有全额还款的能力还是具有获得其他新账户的能力，消费者将会因为这种机械化判断而被降低信用评分。

另一个缺点在于，FICO 倾向于支持将循环贷款作为衡量长期债务是否具有积极信贷活动的指标。换言之，与汽车、教育或其他分期付款债务相比，信用卡交易更能有助于消费者提高信用评分。在短期内，获取另外一张信用卡是提升一个人信用得分的一种切实可行的方法。

FICO 是一个良好的管理工具，但该工具已经被许多银行滥用，在前面所述的授信（underwriting）过程中，该工具成为一种被过度依赖的替代工具。这种工具总是被一些附加信息所夸大。当由于误差、不合逻辑的设计或松懈的贷款人不甘心落在这一信用得分后面等因素导致这种自动化工具无法得出合格的信用评分时，借款人，特别是企业借款人会感到被欺骗。

为了实现 FICO 评分的公平性，他们建立更多有益的工具来评估消费者的行为方式及其他特征，他们声称基于大数据集合，这些行为方式和特征有可能预测潜在借款人的还款结果。这一附加信息根据信用卡还款记录以外的租金偿还、公益事业参与和其他非债权人信息等推断出。

贷款人一方喜欢在这类信息面前保持沉默，因为这些工具是廉价的并且人们无须通过训练即可运用这些工具（除了了解如何持续计数），但是，出现误差和滥用的空间仍然很大。

许多满足贷款授信要求的局外消费者将仍然受困于信用评分，因为模型假定债权人/评分报告的数据来源总是正确的，并且接下来通常不可能改正信息。

解决方案

越来越多可供选择的信息来源可支持小企业以合作组织的形式获取贷款，并支持收集和重新发布企业自身的信用调查信息，而不仅仅依靠企业所有人的消费者信用历史记录。虽然收集这些数量庞大的信息需要花费大量时间（10 年），但是最近三年来，这些信息资源的价值已经开始被广泛认可和使用。

2001 年，一群在业内具有领导地位的小企业贷款人组建了小企业金融信息分享系统（SBFE），这是一家非营利性组织机构，旨在汇集小企业的贷款偿还信息并与会员分享。小企业金融信息分享系统（SBFE）选择艾可菲公司（Equifax）作为征信机构，而不是新设一家信用报告机构。

该公司将其使命定义为提供部分难以获取的小企业金融数据，并要求采取"给予—获取"的方式、做到数据使用安全、实行自我管理和合规经营。这是目前该类行业中唯一的行业管理团体。SBFE 会员可持续拥有他们在系统中所分享数据的所有权。截至目前，数据库中已经汇集了大约 2400 万家公司的历史信用数据，并向会员提供与小企业状况有关异常难以获取的信息。

SBFE 会员对那些引发小企业承担债务、拥有小企业债务状况有关资料和为小企业债务提供应收账款服务的金融组织开放。SBFE 会员被要求每月向 SBFE 数据仓库报告所有他们掌握的小企业贷款组合，并支付年度会费。

按照 SBFE 的管理目标，小企业被定义为收益低于 1000 万美元和向金融机构的贷款少于 250 万美元的经营实体，但是，SBFE 允许会员根据各自对小企业业务交易的定义来报告贷款组合。

SBFE 提供了横跨多个金融机构和贷款组合的小企业金融风险状况。数据仓库的主要内容包括小企业的名称和住址、账户类型和状况、账户开立日、信用限额、高额贷款、贷款余额和还款历史。会员可以利用 SBFE 数据库来实现如下目标：

- 在授信决策时更全面了解企业的债务状况。
- 管理和考察现有客户贷款偿付情况的组合风险。
- 通过公布小企业的地址、电话号码、税收 ID 号码和负责人姓名来预防欺诈。
- 通过提供小企业及其所有人的最新联系信息，提升贷款清收的工作质量。

虽然数据库仅限于对那些选择将自身数据用于构建总体行业模型的会员开放，但是，所有会员都可以进入 SBFE 数据库获取信用评分建模。SBFE 的官方网站声称，严格禁止会员利用数据来建立或扩大营销清单，合规部门将会对会员的数据用途实施监管。

虽然这类企业并不能代表一种创新型的技术变革，即便从商业思维的角度看也的确如此，但正如我们所见证的，这在提升贷款发放的创新性方面是一个重大的进展。这里并不存在去汇集 2400 万家公司数据的财务动机，当时也没有想到会存在技术上的进步。SBFE 的出现完全满足了其组织成员的需求。

征信管理局起始于当地社区，在这里各种信贷提供者（银行、信贷协会和通过往来账户发放贷款的企业）将信息共享给公正的第三方，并实行持续性共享。他们主要演变成了消费者征信机构的形式，因为在这一形式下，消费者的身份很容易通过统一的出生日期和社会保障编码来追踪验证。

企业的信用信息更加难以获取，因为企业能够在公众不了解其共同所有权变动的情况下，很容易地设立或关闭。贷款人必须通过开展大量的尽职调查，才能查清企业复杂的股权是否被同一方所持有。然而，在 SBFE 成立之前，即便开展了这些调查，大部分贷款人也无法追踪贷款偿还状况的历史记录，因为这些信息是分散化的，没有能够将它们汇集起来的共同点。

SBFE 基本上可以解决这个问题，通过大约 15 年的信息记录收集，该数据库已经切实可行，并可以被用来以各种形式增强企业的借贷能力和降低信用风险。在过去的 10 年里，这个数据库已经成为一个重要的数据源，帮助创新企业寻找能够提供贷款的机构，未来这个数据将会被更多机构用来提高他们的授信和风险管理能力。

这一信息记录最大的受益者之一就是 FICO。尽管 FICO 将一些未知领域的消费者信用得分加入模型以得出评分结论，但他们的企业信用评分系统——小企业信用评分服务系统（SBSS 评分系统）是一个更适合于用来评价企业还款可能性的模型。

从诸多评论来看，这个信用评分模型被广泛使用，显然是一个非常可靠和准确的模型。2014 年 1 月 1 日，美国小企业管理局（U. S. Small Business Administration）开始要求每一笔提交该局担保的 350000 美元以内的贷款必须通过 SBSS 系统的审查，这使得该评分系统的应用规模急剧增长。

品德与资金

在信用审批过程中，另外一个困扰诸多企业贷款人的问题是，借款人的信用历史中有破产的记录。破产法是美国法律体系的一个组成部分，它为负债超过偿还能力的借款人提供保护。与对借款人的保护一样，破产法的框架体系也对贷款人相互之间的优先偿付权提供保护，把谁将获得先行还款的优先偿付权这一问题交由法院来裁决。

在金融交易中，许多人将破产视为一种由自身造成的财务失败，这可能是由缺乏资产造成的，也可能是由取得成功的能力不足造成的。更为糟糕的是，一些人将破产等同于道德问题，而不是将其视做诸如法律诉讼之类的类似解决方案。可以设想在这种思想体系下，借款人将会随意放弃他们的责任并轻松逃脱，这使得贷款人和其他责任人持有的原本用来表明还款安排的法律合同毫无价值。

因为诸如事故、疾病和自然灾害等一些难以预料的人生坎坷，许多人可能错过了后面那些被某些银行家所坚持的设想。然而，除了客观公正地对待消费者之外，许多先前著名的公司躲过了破产且没有留下任何后遗症，在某些情况下，这些公司正因此而幸存下来。

由于各种原因，包括约翰—曼维尔公司（1994 年）、达美航空公司（2005 年）和克莱斯勒汽车公司（2011 年）在内的多家公司在第 11 章中被归类于破产（重组）企业。这些原因通常可归结为在缺乏独立仲裁机构约束的情况下企业战略无法执行，这些仲裁机构最终将成为破产仲裁法庭。

如果一家企业可以运用破产来终止劳动雇用合同、退休金义务、债务求偿权和居住合约，从而得以生存下去，那么，这家企业同样也可以利用破产来重新安排债务和股权融资，这其中的缘由很难解释清楚吗？这不是一个道德问题。

就破产本身而言，这其中的底线是不能自动取消破产企业进入债务市场的资格。但是，为了判断事情的根源和影响，以及判断那些不利于提高企业信誉的因素是否明显难以测量或低成本运行，这需要进行必要的尽职调查。

对于那些持有不同意见的人，可以考虑只有美国侨民与从英国的债务人监狱（佐治亚州）释放出来囚犯进行了庭外和解这件具有讽刺意味的事情，他们会发现这导致国民在 2008 年到 2013 年的金融危机期间陷入银行破产的境地。

旧法律体系下意想不到的后果

美国社会各个阶层面临的一个挫折是，当某些人运用法规来阻碍或阻止异乎寻常的破坏性活动时，这会导致另外一些人遭受不公平的损害。而且，正如老人们所说的"一扇锁着的门能够让老实人保持诚实"，这些努力大部分都倾向于惩罚那些遵纪守法和具有善良意图的多数人。

对于银行贷款人而言，这种挫折表现在许多银行法规有意识地去阻止信贷歧视或其他不平等的贷款行为，这会产生意想不到的结果。联邦存款保险公司所要求的某些程序实际上能够阻止企业所有者获取资本，或至少阻止他们对资金需求及时地做出反应。

在通过阻止公开的信贷歧视来保护借款人的过程中，联邦存款保险公司提高透明度的努力是值得肯定和赞扬的，但联邦存款保险公司有时候也会表现得过犹不及。该机构要求银行对明显不切实际的贷款需求延迟审批或予以阻止，直到借款人提交了确凿的贷款申请或整套材料，以及银行承担费用并递交了信用报告，并且正式的谢绝函可以邮件的形式发送给申请人。这是一种浪费大家时间的令人恼怒的行为。

同样地，资本市场也难以实现通过制定法规来保护投资者免受欺诈。在希望为投资者提供安全保证之前的年份里，提供完全的透明度和披露公司信息（包括公司控制人）的善意要求成为一种极其昂贵的主张。

实际上，所有监管股票和债券公开销售与私募交易的美国证券法规都根源于20世纪30年代的金融改革，这些金融改革旨在终止那些施加于国民的无耻欺诈。当然，不仅社会环境和资本市场非常简单化和多元化，而且我们也缺少足够多的证券业律师。

今天我们需要向提供证券服务的律师、投资银行家和审计师们支付高昂的费用，这些费用未必会提高融资规模；相反，这只是提高了投资者在将来某天发生流动性紧张之前进行"合法"融资的可能性。

证券法的另一个挑战性因素是，当一家公司的股权被超过500人（最近《乔布斯法》将人数修订为2000人）共同持有时，该公司要求必须成为一家公开披露信息的上市公司。这意味着该公司需要按季度向证券交易委员会提交财务报告，并明确披露那些可能影响公司股票价格的事务。

这一政策遏制了小企业利用更多投资者来获取更多小额资金的

可能性，这一方面是因为公开披露财务报告的成本较高，另一方面是因为投资者乐意向年轻的初创期企业投资的金额较低。

旧证券法规另一个挑战性因素是，它本质上要求证券交易员通过私人关系来发掘投资机会。有意思的是，证券交易员期望在所有的交易中与潜在投资者建立客户关系，但是证券法规禁止他们与公众甚至陌生人成为客户或预期客户。

在只有 1% 的居民拥有股票时（今天已经有 50% 的居民拥有股票），这一法规才被采用，并用来阻止该行业被一般性广告（general advertising）所覆盖；也即，禁止在能够吸引投资者的报纸和其他公共场所推销证券。这引发了股票经纪人特别是新股票经纪人的进取精神，他们广泛分布于各种场所并索要你的名片。

现有的证券法规在制定时对所谓的前瞻性陈述（forward‑looking statements）进行监管，这本质上是要求所有用来支持证券销售的信息披露必须将其术语限定为当前的。这项规定意味着招股说明书中关于公司潜在绩效的讨论，必须通过附加说明、资格条件和否认声明的形式，大幅压低公司的经营绩效，这显得公司似乎在设法劝说人们不要投资其股票。

虽然这些法规允许公司利用正在寻找投资机会的资金，但似乎有更多常识性的中间立场来保护投资者。

资本市场的数字化

目前，随着新的数字化路径将私人投资者的资本与企业所有者连接起来，许多先前的法律约束正在开始失效。随着新的融资机构正在提供更具创新型和更有效率的方式来进行收购、获取资格、授信和实施资本融资，包括审查工具、规章和态度在内的许多传统障碍正在发生变化。

2012 年 4 月 5 日，奥巴马总统正式立法签署了《乔布斯法》（JOBS 法）。该法案从许多相互竞争的法案中设立，旨在不断改变各类证券法规，以更多地为小企业开放股票市场，特别是为促进股权众筹（crowdfunding）融资提供便利。

这部法案的实际影响是，通过数字化市场为小企业提供从大量潜在投资者那里获得更多资本融资的机会。如果法案的提议者被证明是正确的，那么，这些小企业将募集更多的股权资本，否则这些企业将被这些资金拒之门外，因为追寻这些资金的成本以及清除隔在投资者与公司之间的中介机构的成本是很高的。

而且，考虑到潜在投资者数量的长尾效应，这意味着这些企业将会潜在地暴露给更多的投资者，这远超过投资银行家们曾经讲述过的数量。经由数字化市场形成的市场组织允许投资者对更多的企业进行研究和考察，这将带来更多的目标投资机会，也会提高企业获得融资的潜在可能性。

从融资交易债务方的角度看，创新导致市场上出现了许多新的贷款人，这些贷款人以前所未有的方式重新思考和完善小企业融资。非银行机构贷款人通过做好每一项工作来寻找客户，包括收集融资申请、分析数据、为贷款提供授信以及为公司里里外外提供融资，并运用新的策略为那些长期被银行回避的企业量身提供融资。

在承诺创造出远超过新数字化股票市场产品的过程中，这些新生代贷款人创造出了富有吸引力的产品，在资金紧缺时有目的地为特定的小众市场（niche markets）提供融资。到目前为止，从贷款币种、贷款违约率和贷款损失等重要指标来看，他们与传统银行一样成功。

模式识别——数据是游戏的改变者

在运用技术实现资金融通创新的过程中，最重要的变化或许就是利用信贷数据辅助决策这一新模式的不断发展和运用。数据？是的，无聊、单调和乏味的数据正在不同的数据域中被按一定的模式进行加工，呜呼，元数据（metadata）被创造出来了。

准确地说，什么是元数据呢？从本质上看，元数据就是根据数据发展出来的数据。

贷款人收集了关于贷款客户的海量数据信息，这些数据被储存于许多场所，例如电子表格、财务报表和申请表格。

这些数据中的一部分（借款人姓名、住址和生日等）被送交给征信管理局，征信管理局收集了数以千计来自其他来源的类似信息，并形成一份个人账户的总体报告。对所有报告中的债权人来说，这被称为一份信用报告。

这份信用报告是一个数据集合。当这些数据被用来生成 FICO 评分时，该评分就是一个元数据的例子。元数据所揭示的信息是我们通过肉眼凝视数千行数据所难以发现的。这可能表明先前的设想是错误的。元数据可以有助于我们对未知风险和机遇形成新的深刻理解。

最常见的情况是，元数据能够阐明各种企业类型、企业所有者和企业所在区域之间的细微风险差异。实际上，只要能够获取数据，我们就可以阐明无数的其他企业属性之间的细微风险差异。与 DNA 编码类似，贷款组合可以从许多不同的角度进行分析，以揭示其还款方式、违约概率和贷款损失，从而进一步发现如何优化未来的贷款决策。由于数据的生成持续增多，我们有可能运用已有的分析模板来监测贷款的实际偿还情况，并根据趋势变化不断优化或修正信贷政策、营销活动和审批标准。

不论态度是肯定的还是否定的，或许更具战略意义的是能够证明旧理论是错误的，并在应对竞争之前改变政策或授信模型来适应新的思想。例如，在你的机构和竞争者回避之前向某个目标客户市场发放贷款，并在事后发现结果可能远远好于先前的预计。

这样做有什么意义呢？假定大部分银行贷款人对企业所有者最低的市场 FICO 信用评分设定为 660 分，并且无论其贷款申请的性质如何，信用评分较低的企业所有者将会被立即取消贷款资格。要是存在一种方法能够通过准确检验诸多数据来判断 660 分是否是最恰当的分数，那么，情况又会如何呢？当然，有大量数据可以获取并用来检验这个问题。

因此，如果数据表明在借款人的信用评分不低于 630 分之前，贷款违约率并没有开始出现实质性上升，那么，这会导致银行做出是否应该降低最低放贷门槛信用评分的决策。降低最低放贷门槛信用评分可以提高银行对更多借款人的吸引力，从而形成更多的业务。

同样地，如果数据表明在信用评分达到 700 分以后，贷款违约率将明显改善，那么，这将会产生一个问题，即银行是否应继续允许借款人仅达到 680 分的 FICO 信用评分。

虽然更多的数据可以揭示更严重的贷款风险并引起爆炸性反应，然而，从来没有一个好的主意能够阻挡整个借款部门获得贷款资格。更多的数据也有助于全面了解具体贷款类别的违约表现，并通过改变政策来应对风险暴露。贷款人可以通过严格控制这些部门的贷款标准，或者收取较高的利率，来补偿所承担的高风险。

无论结果好坏，利用基于云平台的所谓 FICO 流动性贷款，FICO 已经向市场引入了一个适合提供信贷决策的企业贷款产品。从消费者、商务局以及具体的客户应用程序那里所搜集的信息来看，该平台向贷款人提供了一个包含建议定价在内的自动化贷款决策系统。

FICOs 有可能同样运用大量的元数据构建他们的模型，并在其他线上贷款人建立自己的云平台时，向其出租他们的模型。从理论上看，信用评分通过同样的镜头来审查每一笔交易，并被建议仔细考察每一个信息细节，以此通过调查研究来预测贷款违约的结果和潜在影响。

通过设定模型各个组成部分的具体标准，贷款人可以制定他们的评分方法，其中评分方法的制定主要依据贷款人的信贷政策。

这个系统的优点是显而易见的——运用可获得的信息实现贷款决策的标准化，运用持续的定价判别式来实现一致性决策。与机构的内部审核相比，该系统处理现有元数据的工作效率更高，对客户端贷款人的反应速度也更快。

这些特征有助于降低成本，特别是在贷款人是一家大型银行的情况下，因为这些大型银行拥有数千个分支机构，每个机构每周需要巧妙地回复许多笔小微企业贷款申请。而且，监管机构青睐该系统的原因可能在于其在该领域对贷款的持续性管理，以及其收集的大量指标有助于管理者监督交易是否符合贷款法规的要求。

该系统的缺点在于其严重依赖于 FICO 自身的消费者信用评分，这一内在缺陷将使得许多小企业所有者处于不利地位。此外，这一平台对那些融资需求在某一限额内的借款人是有意义的。然而，大额贷款应该被人工授信，以考虑到比平均数据所能捕获的更多因素。

这一限额是多少呢？对于每家银行或贷款人来说，答案是唯一的，这一限额可能在 350000 美元左右或者更高。

不同过程与不同观点

新发现总是能导致创新，但有时也会以一种完全无法预期的方式发生。有人认为，计算机迷们会发现一些与企业融资行业数百年累积的智慧表现相匹配（偶尔会超越）的新方法，这种观点似乎是难以置信的。我们反而应该更多地考虑能够完全推翻该行业一直坚持的传统惯例的自信理念：基本信贷模型（the basic credit model）。

从本质上看，融资是一种对稀缺资源的配置活动，但是《韦氏词典》（*Merriam – Webster's Dictionary*）并没有用这样的描述来定义融资。在融资的世界里，这一稀缺资源就是货币。由于银行和其他企业投资者依靠来自存款人或其他贷款人追加的资金来源来实现资金的杠杆化，因此，当贷款交易达成时，他们必须保持一定程度的审慎。

由于诸多不可预知原因中的某个原因，借款人可能将无法偿还贷款。在本质上，贷款交易会使贷款人面临这种风险。借款人的还款违约直接影响贷款人的资本和未来持续发放等额贷款的能力。因此，在过去的很多年里，融资行业建立了许多日常规定，以此来降低借款人的违约风险。

这些日常规定旨在通过设计两种模式来降低贷款风险：一种模式是设定借款人获批贷款必须要满足的标准和条件；另一种模式是建立借款人违约时的其他还款来源途径，例如个人担保、抵押品和法律诉讼威胁。

数字化融资市场开始创建防范借款人违约风险的各种方法，至少一家公司会想到一个新的贷款理论：信贷风险是一笔明细支出费用（credit risk is a line – item expense）。

虽然老百姓不会把这种思想当回事，但对大多数商业银行来说，这种逻辑推理就是一种异端邪说。银行业花费了几十年时间去构建各种日常规定来规避信贷风险。然而，数字化市场并不受法规和公众存款约束，几个世纪以来的传统惯例演化使贷款损失只是成为一个预算数字。

这具有什么含义呢？首先，他们将贷款损失视为开展交易的成本，而不是痴迷于如何防范损失和收回违约贷款。创新型贷款人致力于弄清楚成本是什么，并将交易成本入账，以覆盖所有资金接受者预计会发生的更多风险损失。

显然，当平均交易规模不足 50000 美元并且不涉及联邦保险存款时，这样一个前景展望是较容易的。但另一项优势是，这一策略如何能够降低经营成本。考虑一下为了使信贷经营达到更高的标准，银行如何经常终止边际交易和错过有望实现的收益机会。

同样地，这需要花费多少管理时间来议定更棘手的信贷条款、管理已违约的贷款和清收坏账呢？如果花费的时间可用来转向发放更多的贷款，那么，这将显著改变他们的业务。

除了新的理念以外，创新能够促进开发新的管理程序，由此导致的免受规章和惯例约束也能够促进创新型贷款人实现比商业银行更高的效率。运用来自新兴企业的技术，创新者可以利用移动信息优势，轻松地对这些信息进行分类、评估、分析、发布和归档，甚至在随后的时间内进行修改。

不过，数字化没有必要实行普遍化。有些创新型贷款人继续接受借款人和经纪人的纸质贷款申请，并且他们很乐意促成这一业务以获取适度的收费。一名投资者将纸质贷款申请传真给位于哥斯达黎加的处理中心［因为这里不受《银行保密法》（BSA）的约束］，以将信息进行永久性数字化处理。

交易一旦达成，针对信用报告的尽职调查和其他第三方调查或核实，就会根据某个关键的信号开始启动。随着信息被接受，FICO平台将立刻给出评分并将分数纳入一个"是—否—不确定"的决策图表中，以用于进一步的信息自动处理。

在数字化的世界里，申请人的信息总是被采用表面评估形式，随后通过一些数字化渠道予以核实，并需要通过欺诈核查来确保信息真实可信。一旦（或者如果）授信人决定接受交易报价，交易信息将被传递给交易发起人，只有在此之后真正的谈判才开始执行。

贷款申请并非是"一刀切"。小额贷款要求的信息披露列表比较简略，并且信息列表只是根据贷款规模的增加而扩展。

这些融资平台也对交易发起人实施监管，并根据贷款批准率和偿还情况对交易发起人进行排序。这一信息未来将被用来决定交易价格、优先权，以及判断那些处于临界点的交易是否存在可促成的因素。

最后，创新型投资者对获取交易流量（deal flow）更加积极。一个丰富的业务来源是他们自己的账户：当融资交易的偿付大约低于初始金额的 50% 时，这些投资者开始"提醒"客户，确定持有更多资金是否会更有益。

众筹与获得融资的群体

20 世纪 70 年代，大约 90% 的美国公司最主要的资金来源是商业银行。此后，这一比例不断递减，这要感谢以下因素的影响：

• 目前，企业的数量（2800 万）明显增多，并且企业平均规模变得更小。

• 相比之下，银行的数量则变少了，这受多种因素的影响，包括：许多州停止开设分支行的单一制银行并将其合并、放松州立银行法并允许在其他州设立分支机构，以及 20 世纪 80 年代末的储蓄贷款机构危机（S&L crisis）和 2008 年金融危机分别导致数千家和数百家银行破产。

• 从 20 世纪 80 年代初期开始，银行业和金融业的管制放松使得很多领域的公司开始发放贷款。

• 由于无法衡量业务开展的成本收入比，中小型银行开始大量回避汽车贷款、信用卡和资产抵押贷款之类的某些贷款产品，这将此类业务大量让渡给了非银行业的竞争者。

在过去的 10 年里，市场上出现了许多为小企业主提供资金的渠道，其中的一种渠道实际上是一种 19 世纪末理念的再次应用，即，众筹（crowdfunding）。这种理念在当时并没有被贴上这样的融资标签，但是，这与我们从 2005 年开始广泛关注的众筹融资具有同样的特征。

许多早期的狂热追随者将从一个社会团体中募集资源的做法定义为众筹——回想一下为帮忙建谷仓的邻居举行的聚会，殖民地时期的殖民者在一起聚集数天以帮助一位邻居建造谷仓。同样地，今天所谓的众筹就是聚集某个团体的共同资源，来完成被所有参与者在某种程度上共同认可的某件事情。

众筹实际上并不是一件新鲜的事情，只是这个名称是新产生的。众筹的本质是将社会资本转换为金融资本。众筹具有明显的小众市场导向性（niche oriented）——例如清洁能源、美洲原住民、披头士的歌迷或者田纳西州查塔努加市。每个团体的成员都具有某种共同点，他们可能具有共同的信仰、住在同一个场所、具有相同的种族渊源、能在内心引起共同的兴趣或具有共同吸引力的其他属性。

历史包含了诸多形式的众筹活动，但这些众筹活动的形式是不断变化的。在整个中世纪，人们还没有开办银行，有进取心的犹太人在他们的犹太教堂中向年长者求助。中国的祖母习惯将她们的财产留给自己的外甥女而不是自己的女儿，她们有意地通过隔代向未来分享资源。甚至本杰明·富兰克林（Benjamin Franklin）也创建了一个秘密团体，该团体通过捐款募集资金建设了美国第一座图书馆。

1884 年，纽约市正在努力筹集资金为自由女神像建设地基，自由女神像是法国赠送给美国国民的礼物。美国报纸出版商约瑟夫·普利策（Joseph Pulitzer）在这场窘迫的困境中表现出了个人兴趣，摒弃了当时的传统筹款方式（政府拨款和公司捐款），直接转向其世界报的读者，邀请、恳求和劝说普通市民参与捐款。

约瑟夫·普利策开始了募捐工作。在六个月的时间里，募捐活动从 120000 多名小额捐赠者手中募集了 102000 美元资金，平均每人的募资额不足 1 美元。自由女神在位于自由岛的福特伍兹区域拥有了新的栖息之地。

这个故事就是一个极好的众筹案例，其中，一项融资需求被置于对结果感兴趣的某个团体面前，这个团体乐意参与提供资金来见证融资需求得以满足。在普利策募资活动的案例中，这是对一个城市、国家和民族的伟大善行做贡献。通常每个单笔的捐赠都是微不足道的，但是，通过一定的影响力与号召力，例如约瑟夫·普利策利用其报纸头版社论的影响力，公众在那个时代会做出巨大的反应。

历史快进到 1997 年，当时互联网刚刚开始产生影响。一组美国歌迷是具有正能量的英国马利里安摇滚乐队异常忠实的粉丝（狂热追随者），他们希望乐队能再次到美国巡演，以推销他们第九工作室的唱片《这个奇怪的引擎》（*This Strange Engine*）。但是，该乐队在美国的唱片公司红蚂蚁公司（Red Ant）当时刚刚遭遇破产诉讼，无力承担乐队美国之行的费用。

通过乐队成员在互联网服务器列表上的讨论，这个令人失望的消息而被四处传播。在没有设立一个网站和发起机构，也没有经过乐队鼓励的情况下，乐队的歌迷们通过电子邮件和服务器列表组织了一场草根筹款活动。这一活动募集了超过 47000 美元，用来支付乐队在美国 21 个城市的巡演费用。

许多艺术和文化部门的其他组织机构亲眼目睹了这一令人震惊的募资活动，在随后的几年里，许多因慈善或社会原因而需要全力募集资金的活动复制了这种模式。

2005 年，IndieGoGo 公司开发了一个为公众提供众筹融资便利的网络平台。该平台对潜在的众筹活动进行筛选，并为潜在的捐赠者提供担保。在公司提供的标准化网页上，众筹活动可以通过发布信息和视频来劝说各类团体加入。网站还设有一个常见的支付窗口来收集公众募投的款项，支付窗口一直开放到众筹活动结束。

根据 Massolution 网站发布的 2013 年众筹市场展望报告，2012 年度全球通过数百家众筹网站募集的资金超过 27 亿美元，其中参与者以在未来获得偿付的允诺进行募投或购买新产品。到了 2013 年 9 月，随着《乔布斯法》（*JOBS Act*）的颁布实施，众筹市场开始向股票和债券销售进行开放。

可以毫不夸张地说，众筹迅速改变了慈善事业、社会企业、艺术家、当地某些营利性企业和其他奇思妙想募集资金的市场。

从概念上看，众筹与银行并没有什么区别，都是汇集多方面的资源来为理念、计划和目标的组织实施提供资金支持。银行（类似于众筹资金提供者）变成了筛选参与者的看门人，并保证更多团体来源的真实性。

但是随着数字化社区的崛起，越来越多的参与者能够发现并加入他们认可的团体，并以一种独特和有趣的方式去干扰古老的众筹模式，这些方式将继续发展下去。

其他可获取资金来源途径的崛起

随着许多新的融资选择出现在这一勇敢的新数字化领域，市场上的中介机构开始寻找那些需要资本的借款人和那些在寻求更多借款人的投资者。这些数字化融资经纪人开始为融资双方提供服务，并直接为他们提供在先前寻找资金的过程中根本不存在的一系列新选择。

这些中介机构以各种方式为企业主提升价值，包括帮助借款人对融资需求进行更清晰的分类，以便找到最合适的资金来源、建立互联网在线融资申请文件、发布广告推广借款人的融资申请信息，以及为投资者提供更加全面的上述信息。

从简单的"链接工厂"到由训练有素的专业贷款顾问提供一对一咨询的全方位服务公司，数字化中介机构已经通过某些有趣的方式成功进入贷款经纪业务。通过技术支持，他们在为寻求资本的公司提供交易站点服务的同时，还可以为资本投资者提供募集新客户的服务。

数字化中介机构和其他中介服务机构的演进将会持续下去，特别是随着众筹变成为一种更加主流的融资方式，以及股票可以通过互联网进行销售。市场上已经有一些为组织众筹活动提供咨询的教练、专门为基金提供三分钟微拍的摄像师，以及一些为寻找资金提供便利的公职人员。

没有人注意到数十亿美元下落不明吗？

对于不断变化的资金配置领域而言，或许这个故事最不合适的结局是，有多少成熟的旧式资本市场参与者完全不了解这一变化的市场。

官方无法准确地计算出有多少资本是通过这些新兴的贷款人和众筹投资者渠道提供的，因为大多数盈利的风险投资企业都是私人拥有的，他们不会披露融资金额。但是，有一位参与该市场的 CEO 估计，自 2003 年以来有超过 1000 亿美元的融资是通过这些数字化市场募集的，而大部分商业银行市场还未被发现参与进来。

显然这是一场快速的变革，并且毫无疑问，许多银行已经注意到并开始涉足这一业务以求在新的领域拥有一席之地。据报道，许多以资金交易业务为核心的银行已经投资数家风险投资企业，其他一些银行则积极为很多新兴投资者，特别是信用卡转贴现服务公司提供贷款融资。单从逻辑上看，预计许多公司在未来的岁月里将如法炮制。

一个显著的例外是西班牙对外银行（BBVA）研究部美国分部的首席经济学家纳撒尼尔·卡尔普（Nathaniel Karp）。在他撰写的 2013

年第二季度美国经济展望中，卡尔普对众筹进行了观察和分析，指出至少有两类业务可用于 P2P 网络借贷和股票销售。他得出如下结论：

众筹是一种商业银行无法忽视的破坏性创新。或许，这是历史上的第一次，企业和个人能够获得由来自世界各地的数百万个人小额投资创造的前所未有的资金来源。

这对个人和企业家而言是好消息，他们永远不必再担心无法获取传统的资金来源或运用成本更高的融资方案来为项目融资。这对散户投资者而言也是好消息，他们能够获得比传统投资产品更高的收益率。

对于银行而言，众筹融资带来了挑战。从此往后，银行将面临一个新的竞争对手，该对手具有较低的运营成本、不同的风险管理方法和简单的产品发售模式。在零售和小企业信贷领域，众筹平台能够在多大程度上替代商业银行仍尚需观察。然而，银行需要对这一趋势做好准备，并将自身的优势发挥出来。

观察有多少来自银行部门的声音支持卡尔普，以及有多少人会追随他的建议，这是一件有趣的事情。一条显而易见的建议是，银行应该密切关注并尽可能地参与到这一新生事物的发展中来。在允许的范围内，一个好主意是银行可以用投资者的身份买入足够多的某些创新者股份，并以此清晰地判断未来的结果。如果这能够行得通，银行能够沿路买光所有可投资公司的股份。

本章注释

1. MetroLyrics.com, www.metrolyrics.com/whos-on-first-lyrics-abbott-and-costello. html (accessed November 4, 2013).
2. YouTube.com, www.youtube.com/watch?v=airT-m9LcoY (accessed November 4, 2013).
3. "What's In Your Score," MyFico.com, www.myfico.com/crediteducation/ whatsinyourscore.aspx (accessed November 4, 2013).

4. "Collections—How to Manage Them and What They Do to Your Credit," MyFico. com, www.myfico.com/crediteducation/questions/collections.aspx (accessed December 29, 2013).

5. "Trust in Financial Services," Edelman.com, www.edelman.com/insights/ intellectual-property/trust-2013/trust-across-sectors/trust-in-financial-services/ (accessed December 15, 2013).

6. "Overview," LibraryCompany.org, www.librarycompany.org/about/index.htm (accessed January 2, 14).

7. "Pulitzer and the Pedestal—Or Why Crowdfunding Needs Influencer Marketing," Beth's Blog, www.bethkanter.org/crowd-funding/ (accessed November 4, 2013).

8. Dean Golemis, "British Band's U.S. Tour Is Computer-Generated," *Chicago Tribune*, September 23, 1997, http://articles.chicagotribune.com/1997-09-23/ features/9709230071_1_music-fans-newsgroup-marillion.

9. 2013CF Crowdfunding Market Outlook Report, www.crowdsourcing.org/ editorial/2013cf-crowdfunding-outlook-report/26448 (accessed November 4, 2013).

10. Nathaniel Karp, "Economic Outlook—United States, Second Quarter 2013," BBVA Research, 34.

第三部分　小企业融资的数字技术驱动力

第7章 投资者和贷款人

——线上资本提供方

多年前，可为小企业提供融资的来源相当少。在垃圾债券出现之前，权益投资者通常将资金投资于联邦银行存款保险、美国政府债券、蓝筹股以及 AAA 级企业债券。

对于符合债务融资的小企业，只要企业法人所在地区有银行愿意提供商业贷款，企业主也能够从商业银行那里获得贷款。当时，很多州限制当地银行只能为本区域提供融资服务，或要求其业务只能在当地州开展。

总体来说，过去的规则要求银行在当地市场开展业务，业务规模相对较小。银行为了拓展业务，除非所在市场人口和经济快速增长，否则只能从其他银行手中争夺客户资源。

考虑到当地银行的数量、规模和风险偏好与当地经济的金融活力密切相关，因此小企业家融资的选择范围较小。除银行之外，其他的融资方式较少，除非个人愿意提供资金或入股。

创新型融资市场

如今，小企业融资越来越流行。形势已经从"谁在为小企业发放贷款"演变为"还有谁没有在做小企业贷款业务"。

在危机后的技术进步和数据整合、风声鹤唳的银行业以及第二次世界大战①后缓慢复苏的就业市场的冲击下，小企业主开始获益，逐渐拥有比以前越来越多的资金供应来源。

在 Google 中搜索"小企业贷款"将得到 1.72 亿页的搜索结果。搜索"小企业融资"将得到 3.22 亿页结果，"小企业资本"将搜索结果数量提高到 5.77 亿页。在搜索结果中存在大量付费广告，也侧面反映出这个市场存在着高度竞争性。

市场上存在着几十种融资类别，可以为企业提供定制的融资产品，几乎覆盖所有能够想到的利基市场。餐厅、零售商店、互联网公司等企业过去常常被银行唾弃，现在却成为大量的投资者追捧的明星。一方面出现泡沫经济的可能性很低，另一方面市场上追逐交易的热情十分明显，投资者竭尽全力把自己的名字放在经常搜索的广告、网络等公共位置。

这是一个新兴的市场，改变了过去 40 年商业资本扩张中的融资常态。第一个特征是，这个创新的市场是虚拟的，没有午餐会、办公室约谈或收发邮件等传统项目。

通常来讲，这些投资者会留下办公室地址或邮箱地址。在贷款申请人在网上申请账户之前，很多投资者甚至不会披露过多关于姓名和住所等隐私信息。

第二个普遍特征是这些投资者的商业模式针对性很强，很少提供定制化服务。如果申请人符合他们的模式，那么可以成交。如果不符合，他们会直接跳过等待下一个申请。这些企业投资于一些特定的模式，因为他们的模型是在研究大量信用数据并测试不同创意基础上开发出来的，仅适用于特定的场景。投资者通过仔细评估信用参数制定信贷标准，进而降低贷款损失风险。

第三个特征为价格一般分为多层次的，且利率较高。一部分投

---

① "大图解：衰退期美国工作的增长"，MarcToMarket. com. ，www. marctomarket. com/2013/05/great – graphic – us – job – growth – compared. html（2013 年 11 月 12 日）。

资者的营销是宣传自己提供低息贷款，但只字不提贷款发放费、信用违约风险费等其他各项费用，来提高借款人的成本，年利率可能提高到 24% 左右。

在金融世界里，描述资本成本时运用各种花招的做法并不少见。并且在这个世界里，没有投资者会直接与银行贷款利率进行比较。申请人需支付的年利率是没有可参考对象的。不过，申请人可能看到"一美元融资成本"的表述方式，即一美元贷款需要偿还的美元数额。1.2 倍的融资成本表示每借入 1 美元，未来需要偿还 1.2 美元。

银行也会使用贷款费用以及 360 天计息基础等方式来粉饰真实成本和贷款利率。

第四个特征为投资者依赖于每日从借款人的银行账户通过自动清算系统还款，或由其商业账户直接进行调拨划款。还款只需开通账户即可，并不需要进行人工操作。支票还款需要邮寄、开立、背书、存款，才可以到账。快速的资金还款可以达成以下两个目的：一是还款速度快可以减小还款风险，二是还款的时点与借款人的现金流匹配，因此借款人每日的销售款项可以及时地进行还款。

如果贷款企业经营业绩在获得贷款后出现亏损，快捷的、每日的还款方式自然可以保护投资者免受潜在损失。

因为所有的融资成本的总量是固定的，还款越快越可以提高投资收益率。投资者使用利率来作为其投资成本的一部分，通常设在 10% ~20% 的合理范围内。但是其收入的剩余部分将在固定费用当中锁定。

因此越快收到资金越将大幅提高其投资回报率，其收益率水平也会更高，有时甚至是天文数字。

网络投资者：购买未来现金流

所有这些新兴投资者当中，最成熟的类型当属银行卡应收账款预贴现公司，银行卡应收账款预贴现是一种新产品，基本不受监管，且常常被误认为是传统意义上的信用卡应收账款保理。与传统保理业务不同，这些企业购买的是未来的应收现金流，而不是应收的发票。

虽然这个创意由来已久，可追溯到20世纪90年代，但整个业务的数字信息化使得本来就很赚钱的行业变得更加暴利。最初的想法是将企业流动资本融资与按照未来预期收入一定百分比折算的每日实际收入匹配起来。MCA直接从收单机构处获得资金，而不通过银行转手，这样既能够早日将收入变现，又能避免银行由于无法满足不同投资者的兑付需求而冻结资金的情况发生。

其他运营资金提供商做出投资决策的依据通常是目标企业2~3年的财务表现情况，而MCA则关注商家过去6~12个月的月均信用卡收入水平。基于这些数据，MCA按照月均信用卡现金收入的一定比例对商家进行垫付。

通常，MCA为非银行、非信贷类机构，它们不发放贷款，而是购买应收账款。正因为如此，这些企业通常不受到大多数州政府设置的信贷价格上限监管，即所谓的高利贷法。通过所谓的"远期应收账款购售协议"，类似交易被定义为以将未来一定数额的信用卡应收账款以某个折扣出售。

在这些协议中，MCA即为买方，同意以某个价格从卖方（即借款人）那里以"购买价格"的数额，购买卖方未来应收的信用卡现金流的一部分（通常在协议里标明某个比例），购买部分以具体数额在协议中体现。

也就是说，MCA 为商家提供垫款融资，商家以未来用信用卡应收账款收入的一部分还款。

在这些协议中没有规定利率、费率或其他成本。投资者的所有汇报即本金加上溢价，全部加和为一个数字，在协议当中以一个具体数额体现。

提供运营资金是一个有风险的生意。投资者提供资金为满足商家企业日常经营活动，例如劳动力、生产原材料、存货成本等，而寄希望于未来企业通过生产销售而产生收入进行盈利。由于复合风险的存在，第三方投资者提供运营资金非常困难。因为与资产融资不同，运营资金融资背后存在更多的不确定性，例如借款企业没有足额完成生产目标，或者最终产品压根无人问津等。

传统的要求资产抵押的投资者（以及保利商）控制上述风险的方法，是让企业证明他们在运用自身资金情况下就有能力完成生产和销售活动。在这个模式里，一般来讲，资金用于支付下一轮产品生产而非已经运送的产品。这些投资人也会通过消费者购买商品获得的款项来偿还借款。MCA 模式没有这些优势，因此相较其他融资方式风险更大。

首先，MCA 提前垫款的基本预期，是借款企业未来的收入与历史上相类似。如果借款人的业务具有季节性，那么投资者提供资金的预期是帮助借款人度过淡季，期望其在旺季产生更多的收入进行还款。

其次，MCA 在营销零售行业方面最为活跃，这些零售商的业务收入中有相当大的比重来自信用卡消费。类似的企业包括零售商店、餐厅、便利店、酒店和服务类企业。这些业务部门之间具有高竞争性，淘汰率最高。MCA 的客户位于资金链的最低端，而且在资本资产融资范畴外，没有多少资金供应者。

为了降低其信用风险，MCA 要求借款企业的每日还款与当日收入相匹配。因为 MCA 目标客户群体每天都营业，所以收入也是以每日为基础的。客户用信用卡购物消费后，账款通常在两三天之后抵达商家账户。

借款人每天收入当中的一部分拿来偿还 MCA，资金从银行卡账户由运营商通过 ACH 直接划转至 MCA。卖方同意按照买方要求选用某家运营商，并授权运营商每天将收入的一定比例划转至买方账户，而不是自己的银行账户。这些汇款是不包含运营商费用的，这部分费用完全由卖方承担。

每日还款支付还能够降低 MCA 面临的信用风险，投资者越早收到款项，所面临的因借款人业务或销售量出问题而蒙受损失的可能性越低。提早还款还能够提高 MCA 的投资回报率，因为归还的款项可用于其他投资途径，且还款总量是不变的。

融资成本仅为买卖双方价格差异，MCA 支付买价"购买"（一定数额的）应收账款。融资成本不是手续费、利率或其他称谓，也没有任何的还款时间限制以表明投资者对资金的时间价值的关注。

有一点值得讨论，MCA 模式当中缺乏传统意义上的价格概念，例如没有明确的利率或费率，而这些概念在完全监管的金融市场上是不可或缺的。缺少这些价格标签，MCA 模式会让借款人觉得缺乏透明度。如果借款人真正明白融资成本以后还会去借款吗？很多人还会借款，但估计也会有很多人不愿意借。

表 7.1　　　　　2013 年亚特兰大地区的一个真实融资项目

购买价格 = 93851 美元（提供给借款企业的总金额）

总金额 = 127637 美元（MCA 收到的总金额）

比例 = 16%（借款企业收入中汇给 MCA 的比例）

什么成本是关乎成败的？在表 7.1 中，这些项目来自 2013 年①亚特兰大区域的融资业务建议。

银行卡运营协议为交易的一部分，这些文件信息披露的信息表明借款人企业的月均信用卡收入规模为 100000 美元，过去 12 个月间最高值达到每月 140000 美元。

然后这些数据不能披露实际的融资成本是多少，因为明确的还款时间要由未来收入决定，但可以用来预测一些还款情况。月均信用卡收入为 100000 美元，并且全部金额的 16% 每月需划给 MCA，那么合同将于一年之内履行。即便四舍五入假设借款人需要一年时间还清贷款，那么 MCA 的投资回报率仍然非常诱人。

以下公式说明在此种情形下投资者的一年期投资回报率。

ROI：假设还款期为一年

年利率 =（净回报/购买价格）= 33786 美元 ÷ 93851 美元 = 36%

通常情况下，MCA 使用特别比例去决定日常还款水平。相应地，如果使用平均水平，那么以上案例中的固定比例也可以更换为平均还款额，在采用平均数据情况下的其他还款条件也可以相应确认。

举例来说，如果月均信用卡收入为 100000 美元，那么借款人企业日均收到 4761.91 美元账款（基于每月 21 天，因为银行卡运营商只能在银行营业的日子进行 ACH 汇款）。基于上述比例，MCA 将会每天收到 16% 的还款，即每天 761.90 美元。

总还款额为 127637 美元，每日还款 761.90 美元，经过简单的推算就能够得知共需要还款 168 次。加上周末和每年 10 天银行假期，

---

① 相应的业务处理和计算对来自著名的 MCA 公司的购买报价信息，给出了逻辑上的解释。准确的计算，确定成本的方法和 MCA 公司的 ROI 是其专有的，一般不对公司外部披露。这个案例来自于尚未收到报价并正在努力获得更好价格的商业所有人。

那么完全回收这 168 笔还款总共需要至少 240 天。

基于上述计算，如果还款期为 240 天而不是一年的话，那么投资者调整后的投资回报率如下。

ROI：假设还款期为 240 天

调整后的 ROI = 360 天 ÷ 240 天 × 36% = 54%

如果考虑借款企业销售量大幅提高的情况，那么对投资者的投资回报率会有什么影响。假设每月销售收入提高到前述的最高月均水平，即每月 140000 美元的信用卡收入规模，即借款企业平均每日收到信用卡款项 6666.66 美元，其中 1066.66 美元每日偿还给 MCA。那么偿还总额 127367 美元就需要 172 天还款。相应的投资回报率计算如下所示。

ROI：假设还款期为 172 天

调整后的 ROI = 360 天 ÷ 172 天 × 36% = 75%

大部分 MCA 制定的标准是借款机构需有最少两年商业经验，然而由于近几年竞争日趋激烈，MCA 可以接受为只有两个月商业经验的企业提供融资。这种竞争策略的出发点是从市场上压榨出更多的融资需求，并在早期锁定客户。

但是此种情况也使 MCA 交易具有更大的风险，导致很多借款人对自身没有能力偿还的 MCA 融资过早产生依赖。实际上，很多企业卖掉了部分企业来偿还贷款，并且难以打破通过不断扩大 MCA 再融资规模进行滚动的恶性循环。

看上去像贷款就肯定是贷款吗？

前述的 MCA 融资模式及远期应收账款购售协议存在诸多争议。这种业务的法律框架故意让自己不被归类为信贷类机构，并把提供的融资归类为"垫款"性质，而不是贷款。这些协议当中的措辞将交易仅仅描绘为购买未来的现金流。

但是，问题在于很多协议中包括大量其他类似于贷款的特征。

考虑一个卖车的例子，因为很多人买车的确是以赚钱为目的的。但是会有买家从卖方那里拿到一个合约，以卖方的个人名义为买方保障某个水平的回报率吗？或为买方提供抵押品来保障回报率？会有某个卖方为买方出具不可撤销的授权书，允许买方从卖方的银行账户当中取钱，让买方放心能够实现一定水平的投资回报吗？

从远期应收账款购售协议第一页往后开始就听上去越来越像纯正的贷款条款，但这些 MCA 仍然不遗余力地坚持认为这不是贷款。

个人担保条款超越了传统银行贷款范畴。除了担保 MCA 将受到购售协议当中规定的款项之外，签署人也担保所有提供的信息都是真实的，借款人企业不会更换 MCA 指定的银行卡运营商或增加新的运营商，此外还确保企业不会违反协议中的一些约束性条款。

这些合同包括在商业贷款交易中的类似条款，如不改变业务类型，不撤销 MCA 获得现金流的权利，不开新的银行账户，不将属于自己份额的收入转移到 MCA 无法获得的领域，不从第三方获得新的融资，不允许任何人对公司的应收账款进行留置。如果 MCA 交易真的是购买现金流，那么与这些条款相关或应该接受吗？

以下是听上去像银行贷款的更多条款。

抵押：MCA 拥有借款企业的担保物权，包括账户、设备、库存、商标、酒牌及专利。协议当中还提到给 MCA 授权书，允许其提交 ucc－1 财务报表来完善其利益。

在所有描述与抵押品有关的权益和 MCA 通过 ucc－1 财务报表完善物权的段落里还有这样一句话："即便本协议项下的担保协议不产生债务关系。"

检查：MCA 在正常营业时对抵押品进行检查并拍照。

保险：MCA 要求卖方购买一定数额的保险，覆盖经营历史中常态化的风险。

丧失抵押品赎回权：MCA 有权在协议下对抵押品行使非司法程序的止赎权。此外，若 MCA 因该协议被诉讼（可能被借款公司诉讼），则因此产生的各项法律费用也有权赎回。

保密性：协议中发现的更有趣的条款之一是一个保密协定，即卖方同意买方在本协议中所提供的条款和条件是买方专有和机密的信息，卖方承诺不披露该信息。

陈述：为了依法界定买方和卖方之间协议的性质，协议中专门设置了 MCA 要传达的定义：自本协议生效日期，卖方不是买方的债务人。

法律授权：协议中有一个条款令商业银行逊色，即 MCA 有权联系借款企业新开户的银行卡运营商和银行。

该条款允许 MCA 通过该法律授权，联系新银行卡运营商或商业银行，使这些机构将借款企业的回款现金流汇给自己。同样地，该条款也允许 MCA 指示银行按金额的指定百分比进行定期支付。

法官有异议

那么这些 MCA 是企业融资的替代方案，或是为规避监管结构设计巧妙的贷款吗？

显然至少有一位法官同意第二种描述。2011 年 6 月，加利福尼亚法院在一个涉案金额 2340 万美元的诉讼中宣告 AMI 公司败诉[1]，AMI 公司是历史最悠久、规模最大的 MCA 公司。在 2008 年的一次集体诉讼中，原告声称，AMI 公司的现金预付计划实际上并不是购买未来信用卡的应收款项。相反，他们所谓的交易只是发放高利贷利率的贷款。

---

[1] Sarah Weston，"商家现金预付的新时期出现了"，Greensheet. com，2012 年 6 月 25 日，www. greensheet. com/emagazine. php？issue_ number = 120602.

原告称，一些交易特征表明，AMI 的交易实际上是打着资产购买的幌子进行贷款交易。

- AMI 的合同中对借款企业主规定的还款义务更像是贷款当中的还款义务，而不像典型的资产购买协议条款。

- AMI 合同要求企业主进行的个人担保是典型贷款交易中的担保，不像履约担保。

- 假设 AMI 交易实际上是贷款，他们采用的利率违反了加利福尼亚的高利贷法律。

这些原告声称有超过 9000 万美元的赔偿金，但最终判决的赔偿金额远少于此。此外，MCA 对于这些企业前期借款未偿还的部分也不复追究。

作为和解的一部分①，AMI 公司同意修改部分商业协议，改为"买方、卖方和双方负责人承认并同意卖方破产或退出的业务，不构成违约"，并且 AMI 也不会从"已经正常倒闭并前期未违约的企业主那里"索取偿付。

进入数字时代

通过分析传统银行业务及新型 MCA 业务模式之间的区别，应当认识到，MCA 是合法正当的竞争对手，并且其每年的业务量正在突破 30 亿美元大关，逐渐成长为一个行业。MCA 不会淡出市场，既得利益决定了他们会中规中矩，不去吸引监管者的眼球。

该行业当中的一些顶级公司表现良好。例如 AMI 公司，该企业总部在乔治亚州的 Kennesaw，是 2011 年加州集体诉讼案中的被告。这家公司建立于 1998 年，只用了 10 年将规模扩大到 10 亿美元。之后又分别用 3 年和 2 年时间扩大到 20 亿美元和 30 亿美元。2013 年，

---

① Sarah Weston，"商家现金预付的新时期出现了"，Greensheet.com，2012 年 6 月 25 日，www. greensheet. com/emagazine. php？issue_ number = 120602.

他们的目标是用 1 年时间再扩大 10 亿美元。如果将 AMI 放在联邦存款保险公司的年度报告中按照业务量进行排序的话，AMI 将成为全国第 43 大的小微企业贷款商。

金融危机和银行业自身问题对 AMI 的快速成长起到了助推作用，然而也离不开企业自身的盈利能力。AMI 的贷款申请批准率很高，据说高达 70%，因为他们已经掌握了盈利方法。

AMI 的经营时间超过了大多数竞争对手，总共资助了大约 125000 个不同的企业，而且保留了这些借款人的贷款申请及经营数据。这个例子很好地阐释了一家公司如何将自己的经营历史转变为有价值的数据，再利用这些数据去预测未来的业务走势，并影响定价、条款之类的业务决策。这就是行为分析（behavioral analytics）。

AMI 的自有技术平台可以跟踪所有客户的经营情况，并根据 AMI 自身经验和对未来的趋势预判，在贷款决策方面区别对待北美产业分类体系当中 390 个类别。例如，一家属于供热、通风与空气调节行业的承包商与一家餐厅的经营季节性有所不同，那么 AMI 对两家企业提供的融资方案也相应进行区别。

就像银行按照信用风险对所有贷款进行分类一样，AMI 将所有的客户按照风险等级分为六类。这样，AMI 就能够针对每一类投资按照其预期表现进行预算，并单独设定其定价和融资条件。AMI 对六类投资的贷款损失率预测十分精确。

在贷款偿还期间，AMI 还不断检测借款企业的还款水平，并将还款水平与融资前和融资后平均水平进行比较，用于了解借款企业的收入表现。当借款企业的收入跌破某个基准时，即便企业仍在按照协议规定还款，AMI 会对企业主进行软性催收，通过电话询问其经营状况并基于此决定是否采取其他行动。

AMI 独特的经营策略扩大了业务范围，大到 200 万美元，小到 1500 美元。他们的投资目标，是那些在融资后 36 个月内，AMI 能够完全收回款项的企业。

　　另外一个与传统商业银行的区别是什么？AMI 目前针对所有交易金额在 15 万美元以上，包括所有通过网络平台发起的业务申请的平均周转时间为 2.6 天。即便如此，他们的目标是将这个平均时间降低至 1 天。

　　这些小企业主对 AMI 提供的价格和条件做何反应？只有他们自己能回答这个问题。但据报道，75% 的小企业主对 AMI 贷款进行展期（定义为从贷款偿还至少 50% 起到全部清偿后六个月内需要新的融资）。

　　MCA 公司是否占这些小企业的便宜，与他们签署某些观察人士所谓的"发薪日"合同、条款和融资成本？其实并非如此。可以说大多数小企业主不明白为什么要为 MCA 提供的融资付费，因为这类融资安排没有传统贷款当中年利率的概念。但即便小企业完全了解融资成本的构成，大多数企业仍然会向 MCA 提出申请。

　　批判 MCA 的定价可能是一个狭隘观点，考虑到大多数商业银行可能对小公司收费不足。多年来，小企业贷款的定价更多出于竞争考虑，银行往往依赖于持续的房地产通货膨胀概率。大部分贷款定价的对象不是信用风险，而是实际的抵押风险。

　　通货膨胀已经过去了一段时期，许多银行都不知道如何提供无抵押贷款。创新型的投资者是根据他们所承担的风险水平对融资进行定价的。MCA 与商业银行之间的部分差异是，MCA 依据所承担的风险进行定价，并在获得与风险溢价相称的利润方面做得更好。这样的定价很合适，成千上万的小企业乐于接受这种融资形式。

　　即便如此，MCA 行业也需要与自身群体中的一些流氓贷款人竞争，这一点与商业银行类似。在缺乏监管的环境中，很多 MCA 企业的做法处在道德底线的边缘，令其他行业参与者头疼。

　　例如，一家纽约州的 MCA 要求客户提供的文件中有一项未注明日期的"承认判决"（confession of judgment）条款。协议当中规定了一些 MCA 可以判定客户违约的情形，使 MCA 在未提供融资之前就有权向法院提起诉讼。

另一个问题，MCA 部门非常依赖第三方发起人，即贷款经纪人。大家是否还记得是金融危机的完美风暴给 MCA 带来了发展空间。但是金融危机也使得全国范围内很多抵押贷款经纪人失业。

基于在备受监管的住房抵押贷款行业里甄别骗子贷款的丰富经验，这些贷款经纪人进入 MCA 这个大西部的原始行业是较为容易的。但对于 MCA，尤其是那些不愿意被监管的企业来说，这是一项负担。

17 家 MCA 企业自发组成了一个行业协会：北美银行卡账贴现协会（NAMAA），以试图从几个方面应对这些问题贷款商。他们承诺将为他们的行业制定道德标准和最佳做法。可以预料到，他们也对 50 个州政府和华盛顿方面的任何限制 MCA 业务发展的立法十分关注。

而且，他们维护了一个商户数据库，检测商户的融资活动，及时检测这些商户的潜在欺诈行为，例如从一家以上 MCA 企业获取融资。

线上贷款人：云端资金

在小企业融资的创新领域，一个最新发展是线上贷款人的出现。不同于 MCA，这些企业承认自己是贷款人，并在各个州监管机构进行注册获得资质，进入大多数州的商业贷款行业。

这些线上贷款人的出现源于技术的发展，这一点与 15 年前就已经出现的 MCA 有所区别。大多数 MCA 的创新仅仅是将贷款偿还和商家的收入现金流进行匹配，而线上贷款人则为企业财务实践带来了更多的创新。

线上贷款人给企业贷款业务的各个方面带来了技术解决方案，包括市场营销、收集贷款申请、信贷决策和贷款发放。他们的主要营销口号是"我们比银行更高效，比 MCA 收费更便宜"。

线上贷款人和 MCA 相比有很多相似之处。他们的重点是短期流动资金贷款（三个月到两年），借款人用每日收入进行还款（从借款人的银行账户取款后通过 ACH 划拨至线上贷款人）。因此，线上贷款人的目标客户是每日产生收入的零售和服务行业。

并且，他们也严重依赖于第三方中介，作为新贷款业务的来源。

但是线上贷款人发放贷款的过程不同于 MCA。首先，他们需要确认所有申请人的收入，不仅仅是信用卡还款所收集的资金，因此这些线上贷款人则要求借款企业提供银行账单。虽然如此，线上贷款人更倾向于与有信用卡消费收入来源的小企业合作，以此降低对现金销售过分依赖而产生的风险。信用卡收入粘性更高，能够被独立识别并且容易监测。而现金销售不同，企业主在现金没有到账之前就可以转移到其他地方。

另外，他们也会收集大量非财务信息的周边环境数据用于评估信用风险。这种做法有利于对每个客户单独定价，而不像 MCA 那样采取"一刀切"的方式。

线上信贷和传统银行信贷

线上贷款人对信用贷款的定价要比一般商业银行发放的短期、无抵押的流动资金贷款价格高。但由于这些贷款人受到州政府的监管机构高利贷监管，因此贷款成本比平均的 MCA 价格低。

因为线上借款者相较商业银行有较高的融资成本，在价格上没有竞争优势。但是同样，商业银行很少做无担保的流动资金短期贷款，尤其是对餐馆、零售商、服务企业。因此线上贷款人通过产品而不是价格与传统商业银行进行对抗，如果两者一定要对抗的话。

商业银行对小企业提供的大多数流动资金贷款是通过循环信用额度（RLOC）这种有担保的融资产品，或是通过一个无担保的信用卡账户。RLOC 的贷款协议当中有很多保护性条款和检测企业财务报表的相关条款。银行的循环信贷价格虽然比信用卡和线上贷款人贷款的价格便宜，但循环信贷也更加多变。

定期的财务报表监测和关于抵押品的"借款基础"[①] 报告，使借款人长期面临在不被告知的情况下贷款被提前收回或取消的威胁。而且，由于缺乏偿还本金的能力，处在成长期的公司虽然需要大量资金，却常常不具备借贷的资格。由于需要大量资金支持企业成长，成长期公司在偿还贷款方面常常捉襟见肘。

银行发放流动资金贷款的另一个渠道是通过发放信用卡。这些信用卡的背后实际上是消费者信用，而不是企业信用。这种产品与RLOC 类似，属于循环信贷产品，但利率显著高于 RLOC。这类贷款通常没有严格的还款计划限制。如果银行不在此基础上额外提供融资或收取其他费用的话，这类贷款需要在 36 年还款期限内完成分期等额偿还。

贷款期限被拉长的目的在于最大化银行收入。成千上万的小企业使用信用卡垫款融资来增长业务，导致他们养成了小额还款的习惯。实际上，他们将这种债务作为权益资本的替代，等同于发行股息繁重的优先股。

线上贷款人通常提供较高成本的贷款，然而这些贷款有明确的还款计划约束，且本金偿还速度较快。因此，即便对于不够精明的借款方来讲，线上贷款的总体成本也是相对较低的，因为还款计划更加明确，没有留给借款人多少自由发挥的空间。

---

① 指每日、每周和每月给贷款人的详细的借款客户资产报告，通常包括应收账款和存货。具体细节包括账户名称、账户金额和期限的完整清单。

对于真正能够算清自身利润率并能够通过融资抓住业务机会的企业来讲，不论线上贷款融资成本多高，在 12～18 个月的短期内清偿线上贷款是有利于其长期发展的。相较于 36 年内偿还银行信用卡贷款，并受到最低还款额限制，线上贷款的高利率不是一个大问题。

客户营销

线上贷款人是技术驱动公司，所以很自然地假设他们在线完成客户搜索和采集过程。大多数线上贷款人的出发点都是要避免使用传统的营销技巧，如贷款经纪人、印刷广告、电话销售等。问题是，最终的客户要么不理会他们的营销，或根本不赞同这一营销策略。

强大的集成平台和能把握并快速部署营销工具的精明 IT 专家。线上贷款人期望打造一个闭环流程，用于发现、营销、承销、出资，并收集贷款，在整个流程中最小化人工干预。

但即便掌握数据搜集技术，能够利于网上广告，并能找到如 Salesforce. com 之类的客户关系管理系统供应商，线上贷款业务的拓展也并没有变得多么容易。他们要么过分超前于市场，要么是持怀疑态度的企业主，不愿在线上向一家从未听说过的公司提供私人财务信息。

在任何情况下，早期拓展都很难，最终这些贷款人开始加大搜索引擎优化力度，直接使用电子邮件营销，或其他任何对使用 ISO 有利的虚拟营销手段。这一战略的问题是，大部分的 ISO 已经发现了 MCA，这意味着通过 ISO 进行客户推介的渠道已经大部分被占领。

最终，使用 ISO 的线上贷款人主要通过两个办法进行营销，要么比 MCA 支付更高的推介报酬，要么使自己的贷款条件更具吸引力。通常通过双管齐下的方式，加上为技术流的贷款经纪人提供方便快捷的使用平台，才能赢得 ISO 的忠诚度。

这种挑战传统的营销方式效果出色——线上借贷领导者 OnDeck

资本公司宣称从 2007 年①以来，已经发放了超过 7 亿美元贷款。但其中也有负面结果。其中之一就是支付给 ISOs 的成本负担，比大部分数字营销策略要更昂贵。

另一个问题是人工干预成本。很多贷款经纪人并非精通技术，拒绝使用线上贷款申请平台。他们不愿在贷款批准之前向客户透露贷款人的身份，且仍然使用纸质贷款申请书。在线上贷款人的严重风险是，一些贷款经纪人具备了最差的特征组合：不诚实、施加高压、不断追求特别待遇、索要贷款批准纲要等。

第三方贷款发起的中介费用包括固定费率和"随口要价"。对于期望短期内实现利润最大化的经纪人，后者是他们的常用费率。但"随口要价"的直接结果是变相提高借款人的融资成本。因为中介费过高，线上贷款人不得不将贷款利率上浮到顶。

固定费率对于线上贷款人则是不利的，他们不得不为客户提供更优的条款：更好的客户服务，更大的融资量，以及对 ISO 更快的付款。

线上贷款人仍然处在不断学习的阶段，但线上贷款业务正在以健康的速度增长，并面对 MCA 及其他线上投资者的激烈竞争。On-Deck 的贷款量数字虽然听上去没有对商业银行带来多大挑战，但他们的平均贷款额为 40000 美元，这意味着越来越多的客户不断适应新型的融资形式，采用银行以外的渠道补充获得融资。

收集贷款申请信息

网上信息收集过程非常高效，并且信息收集的主要目的是确认企业及企业主身份，而不是为了承销贷款。这一点可能是相对传统商业银行模式的最大转变。

---

① "2007 年以来我们一直在帮助小企业成长"，OnDeck.com，http：//www.ondeck.com/our-company/overview（2014 年 1 月 21 日）.

　　线上借款人只根据明确的列表要求来收集信息，以完成对客户身份的尽职调查和做出贷款决策。而银行则使用"一刀切"的、全球通行的方法，让客户提交一系列资料。

　　贷款申请在网上完成。一些线上贷款人只通过一个简洁的筛选问题清单，来了解借款申请人的身份和背景，而不用浪费客户大量的时间提供不必要的信息。

　　这些筛选问题大概描绘出线上贷款人对借款资质的要求。例如，一个线上贷款人提出了下面四个问题：

　　1. 从事商业活动时间是否达到两年；

　　2. 是否接受通过信用卡支付商品或服务；

　　3. 你的客户是否在商品或服务交收时就支付款项；

　　4. 你的银行存款账户月均余额是否不低于 10000 美元，每日平均余额是否不低于 3000 美元。

　　如果借款人对以上任何问题回答为否定，他们则不符合要求。这种尽早屏蔽不合适的贷款申请的做法非常高效，不用在不合格的申请上浪费时间。

　　申请信息被要求在线上贷款人的网站商由申请人或其中介直接完成。线上贷款人不直接提供纸质申请。但有些 ISO 向客户提供纸质的申请单用来收集信息，然后帮助客户在网上完成申请。

　　相比申请人直接在网上键入信息，纸质申请需要更多的人工劳动（这是个可以解决的问题，使用 ISO 的线上贷款人可以提供一个白屏申请网页供 ISO 打印成纸版，上面不会显示贷款人的名称也不包含网络连接）。

　　这些信息仅仅收集 40~50 比特的数据。例如，姓名、住址、邮编、电话等。这些信息就占到整个信息的四分之一。

　　这份申请要求简要解释资金使用目的和用途。不同的使用方式带来不同的风险。例如，购买新设备意味着企业在成长；支付延期税务表明前期企业经历了挣扎。除非资金用途违法，一般这些信息不会自动拒绝某笔申请。但申请目的和资金用途，连同其他信息一起，会对一笔贷款申请进行评分。

除了上述信息之外，线上贷款人仅需要申请人再提交少量信息即可：一份税单（用于证明企业主身份），带照片的身份证件，一份作废的支票来验证借款企业的支票账户。

传统商业银行要求提交企业主个人财务报表，企业过去三年的财务报表，未来的财务预测。而线上贷款人只需要过去六个月的支票账户明细。在不断开发线上贷款业务模式的过程中，贷款人通过分析数据证明，在放短期贷款时，使用过去六个月的数据能更为有效地预测未来财务表现。

多数贷款机构面临一个共同的麻烦就是客户在提供信息方面反应慢或反应迟钝。贷款机构通常要多次索要才能使客户提供一丁点信息，而且提供的信息常常已经过时。更有甚者，在客户终于提供完最后一丝信息之后，还不断催促贷款机构立即做出贷款决定！

线上贷款人的流程则不一样。他们有一个一成不变的信息清单。线上的技术平台不断提醒客户，如果信息提供不完整则无法提交贷款申请。如果客户滞后或不提供需要的信息，那么贷款申请则无法完成或被拒绝。只有积极的借款人才有资格提出申请。

数字技术支持下的云端承销

一旦客户或其中介将所有要求的信息输入到申请模板中并上传相应的文件滞后，有趣的过程才刚刚开始。是否还记得通过银行申请贷款中经常听到客户抱怨申请时间漫长？相比之下，网上贷款申请体验可谓清新脱俗。

当所有提交的申请信息被认定为收到之后，申请人最终要点击的就是"提交"键。这个命令会启动自动化的承销过程。

网上贷款平台将在网络云端发起有关申请人的进一步信息，大量数据能够充实网上贷款人自行开发的信贷模型，并对贷款申请进行评分。在网上能够搜索到关于某些行业的特有信息，例如医疗和社会事务部的餐厅检查结果等。这些额外的信息既然已经存在，就会被网上贷款人的模型收集，并作为额外的指标对信用评分进行调整。

不同的网上贷款人有不同的做法，但在市场上，上述做法被愈加频繁地使用，搜集的数据也愈加深入。网上贷款人通过私人信息来源、社交媒体及政府网站等渠道①广泛获取关于申请人/借款企业的信息和数据。更多的数据可用于与申请人的信用记录进行比对。如果在比对过程中发现个别参数可用于识别风险，那么这些参数可能会被加入到模型之中。

不按照重要性排序，以下是线上贷款人搜集并通过信用评分模型进行处理的一些基本数据。

私人数据信息：许多私营数据提供商提供部分市场、客户、消费者、企业的相关数据。对于线上贷款人来讲，有些数据库并不陌生，但获得数据的方式却不够一目了然：通过自动搜索获取信息，拥有大量数据的技术平台和立即决策的过程。目前少数商业银行也在使用这一技术，该技术将在未来继续成长并在成长过程中替代很多的人工劳动。

这些信用信息来源肯定对线上贷款人有用。线上贷款人可以使用这些数据进一步充实完善贷款申请人的资料库，甚至对贷款申请进行即时屏蔽。但其他信息来源当中的大多数还没有为传统贷款人所使用，并对承销信用评分提供更多的标准。例如：

---

① 并非所有的政府网站都会被线上贷款人使用。即便使用了这些网站信息，线上贷款人也并不会发布其搜集到的用于评估企业客户的信息。另外，线上贷款人关注的信息会随着实际贷款组合的表现情况而不断改变。

信用评分系统：线上贷款人会检查借款人的信用分数，但是大部分人不使用 FICO 分数，而一般使用 Vantage 分数。Vantage 分数提供了一个不同的分析，该分析基于过去两年的数据。大多数线上贷款人在面对较低的信用评分时态度更为灵活，因为他们的研究表明信用评分并非是预测未来短期还款规律的唯一可依赖标准。美国主要的信用评分系统包括 Equifax，Experian 和 Trans Union。

这些报告是回顾授信占用和未来还款趋势最直接的方式，并揭示了现金流之后或杠杆问题，在考察期限之前的事件不会影响到客户的信用评分。

此外，许多线上贷款人使用额外的信用测评系统如 BNI。通过评估个人状况，该系统可预测个人破产或流动性短缺方面风险上升或概率提高。

商业改善局：BBB 是一个著名的消费者保护系统，用于代表消费大众处理针对企业的投诉。通过检查 BBB 的文件便能发现申请企业是否被投诉，是否存在不合规的商业行为，是否有未处理的投诉等。

商业支付处理系统：许多支付处理系统促进电子商务发展并收集相关数据。这些数据包括每日、每周、每月和每年的销售回报率和其他有价值的业务数据。

eBay. com：对于通过 eBay 进行销售的贷款申请人，线上贷款人要求其提供 eBay 账号，用于查看申请人销售历史、收入和商业行为等。

亚马逊：另外一个网上商户集合平台是亚马逊。亚马逊是一个网上收银台，也是成千上万商户的销售平台，包括有实体店的商户。通过 eBay 获得的很多数据在亚马逊上也可以搜集到，亚马逊还提供额外的服务供进一步分析。

谷歌地图：线上贷款人面向全国发放贷款，而不局限于一个本地市场，因此面临更大的业务风险。有一个重要的网上工具，但必须手工操作使用。大多数线上贷款人都会在谷歌地图当中搜索申请人的办公地址，并通过放大看到所提供地址的街景，用于确认企业确实存在以及办公场所实景，还能对周边环境有正面或负面的感性了解。

UPS：虽然不被传统的贷款机构使用，但 UPS 当中的船运记录、运输量、多样性和频率可供进一步分析，充实对成长性和未来财务表现的预测分析。

商业协会：一些商会发现扩大会员基础，搜集会员信息并在商会外使用能够产生巨大利益。还有一些商会搜集有关会员业务的数据并提供独一无二的数据分析。加入商会对于申请贷款而言并非必要条件，也不会影响到信用评分，但对于投资未来业务的贷款申请人来讲，这的确是一个正面的信号。

执照协会：一些执照协会和组织提供公开信息，供使用者进行执照认证。线上贷款人可以使用这个数据库验证贷款申请人的职业头衔或证书等。

社会媒体数据：当 Facebook 在 2012 年通过 IPO 上市时，高达380 亿美元的估值令人大跌眼镜，即便最怀疑 Facebook 实力的人也不得不承认，Facebook 远不止一个娱乐年轻人的社交平台。

的确是这样，Facebook 和其他成千上万的社交媒体平台提供了人与人联系当中的各种方式，包括博客、照片、视频、音乐分享、商业联系、沟通论坛、社交、购物、信息分享、排名、众包、协作和名誉管理。

谁能想到这些社交媒体搜集的数据可用于行为预测？线上贷款人了解了这一用途，并从社交媒体搜集数据扩展其信用评分体系。以下是几个例子：

Yelp：线上借款主要用于零售业、餐厅和其他服务行业。Yelp

是一种网络资源，可以帮助客户寻找并对其商品进行评分。通过 Yelp 可以帮助借款出资方对于客户和商品的连接性进行评分。

Angie'sList. com：这个网站包含各种专业服务提供商，包括管道工、电工、牙医、搬运工等。如果要列入本网站，这家供应商必须经受 Angie'sList 公司的检查。用户登录该网站寻找可靠的，名声好的服务供应商。线上贷款人可以将这家网站的评级纳入自身的评分系统。

Facebook：Facebook 上的"喜欢"和"朋友"数目是如何营销信贷决策的？这些数据可能不会影响到还款风险，但对于一家企业的营销面来讲却是一个不错的评估标准。线上贷款人登录 Facebook 通常寻找正面数据而不是负面数据。

LinkedIn. com：这个商务网站不仅仅是求职者，而且为企业提供了一个更广泛的沟通联系网络，为个人提供个人网页以显示他们的专业能力。线上贷款人通过登录 LinkedIn 可以找到企业主个人资料，企业的客户范围及申请企业是否上市。与其他社交媒体平台相似，LinkedIn 账户并不是影响信贷决策的一个必要因素，但在营销力度和申请人的信息透明度方面可以加分。

Klout. com：该网站是一个社会媒体评分服务网站，告知用户如何评价某个用户在几个社交媒体网站的影响力，如 Facebook，LinkedIn，推特和谷歌。他们的指标包括连接的数量，通过参与社会媒体获得信息的数量和质量，以及他们的追随者和其他人互动程度。和 Facebook 一样，通过该网站主要搜索优势而非劣势信息。

Zillow. com：本网站是一个网上房地产数据库，在线帮助用户查找，调查和估值房地产。虽然大多数线上贷款人不进行房地产抵押贷款，但对申请人的业务和住宅房地产的估值指标是有用的信息。对于贷款申请企业来说，该信息提供了实体办公地点信息和地产价值涨跌趋势，进而决定该区域是否会吸引更多的居民和交通运输。

贷款申请企业主的私有住宅房地产可以与企业主购置房地产的负债进行比较，得到个人净资产，进一步推断是否提高了个人净值，抑或企业主因购置住宅而处于资不抵债状态。

政府数据资源：联邦、州和地方政府拥有各种信息资源，是公开而且方便收集到的。以下几类信息来源已被线上贷款人使用。其中一些信息需要针对某一笔交易单独提出需求，另外一些信息需要定期下载并在需要的时候从数据库里进行提取。

州政府秘书长网站：提供企业注册证明，包括企业成立时间，地址和企业年度注册是否及时等信息。

营业执照：一个企业是否拥有营业执照，包括商业地址、执照类别、到期日期等数字。

IRS：可提供某家企业税单的电子证明，虽然它仍需要改进。在获得纳税人电子签名，且提交 4506 表格的情况下，IRS 可通过自动流程披露纳税证明。

当地医疗部：对于要求的企业，如餐厅、咖啡厅、餐饮业，卫生部门检验报告提供有关业务运行质量的详细信息，包括必须向客户展示的公开等级。这一信息及等级将企业经营当中存在的问题进行展示，会影响到信贷风险。

人口普查数据：公共普查数据可以提供大量的分析，包括申请人所在地的地理信息和具体指标的变动方向，包括人口增长、平均家庭收入、人均收入和老龄化等。这些信息可对申请人的本地市场未来趋势提供判断依据。

移民和海关执法部门：目前对非雇主查询个人公民或居民身份的信息披露度有多大。如果将来数据开放，这部分数据可用于确证申请人的就业状况和移民状况。

人力部门：通过获取劳动力统计数据和趋势数据，可以了解当地的劳动力成本的趋势、合格的劳力资源，以及申请人业务的发展前景。

联邦储备银行：通过数字手段获得经济趋势和数据，了解申请人所市场在地的区域经济表现，以了解潜在的经济增长、住房开工、收入统计，以及在每个地区收集的其他数据趋势。

交通运输部门：交通模式，预计未来的道路计划和交通流量的数据是有用的信息，可用于分析申请人所在地的发展潜力和未来数月至数年的发展趋势。

北美工业分类体系：提供比较分析，根据行业的体量、地理位置、成熟度和融资类型等参数，跟踪各行业通过各种融资方式的信用表现。

许多传统的商业银行都会对收集这么多数据来进行信用决策的方法表示怀疑，他们在过去几十年间的信贷决策一直给予一个短小的信息清单。他们的怀疑可能是错误的。通过所有这些云资源收集的多个看似毫无意义的数据点是几乎没有用的。但是，聚合成各种专有模式，它们史无前例地提供了给予企业特征而对未来企业行为进行预判的方法。他们的判断能够发觉还款可能性最大的申请人。他们的决策模型只需收集过去短时间的数据，便可立即用于对未来的决策中。

通过几千个数据源搜集大量数据，并把元数据纳入决策平台模型的业务正在飞速发展。围绕这些数据来源对信用模型的分析和开发工作目前才刚刚开始。

究竟牵扯到多少数据？读者可以从 Ethority. com[①] 中看到不同社交媒体是如何被纳入各类媒体频道的图形解释。这种图形解释直观地阐述了数据搜集的多种方法，并揭示了未来决策程序的发展方向——尤其是考虑到分析的结果可用于评估资本投放的风险。有一

---

① Ethority. com, "SocialMediaPrism", www. ethority. net/blog/social – media – prism/ （2013 年 11 月 25 日登录）.

家线上贷款人表示其在叙做承销（underwriting）业务时可接入 2000 多个数据点。

每个线上贷款人在数据的具体使用及加权方式上各有不同。这是一个新领域，只有伴随时间推移和结合组合表现才能看到其真实价值。但有一家贷款人使用云端数据对借款人进行信用风险评分，并基于此决定需收取的贷款担保手续费。分数越低，担保成本越高；伴随分数上升，手续费更加便宜。

稍加改变的老式数字运算

为特定的贷款决定承保这些贷款通常包括将存款账户数据加载到贷款人的平台，而该平台告诉承销商如何计算其自营交易模式。

虽然这些线上贷款人没有透露他们进行信贷决策，而大多数贷款人专注于申请人的每月存款总额和同期的日均存款余额，最终贷款额取每月存款总额的某个百分比和日均存款余额的某个倍数之间的较小值。

这些指标可以用来计算一个粗略的销售周转，其现金周期趋势和存款稳定性。管理和业务流动性评估也会因银行对存款账户进行的存款不足评估而受到影响。

这些计算的目的是确保客户能够实际支付贷款。贷款规模和还款期是直接依据的实际现金流流出入水平进行校准，因为目前的现金流情况是紧接着下一阶段企业表现状况的反应。

奇怪的是，商业银行在几十年前就能获得这些数据和指标，却从未用于评价小额或短期贷款决策。

欺诈检测

在网络空间经营，这些贷款人非常清楚潜在的欺诈行为，因为贷款人和借款人之间从不会见面。他们努力确保再三检查申请人的身份及其运营的企业。最后，他们确保能够进入借款人的支票账户。

支票账户，不仅将被评估确定贷款金额，还需要经历一个小实验。贷款人会向该账户存入两三笔小额存款然后取出资金用来验证账户确实存在。而账户所有人通过确认这些交易证明贷款人能够从网上获取账户信息。

该账户在整个信贷关系存续期内被实时监控，且账户活动被随时用作重新评估信用评分的额外信息。该账户是贷款发放的目标账户，也是贷款偿还来源的账户。

个人身份证明是通过对信用局报告中的不同信息点进行交叉比对实现的。信用局报告中包括大量信息，例如前期住址、雇主、贷款人等。申请表中的一些小细节，例如企业存续时间以及企业主的驾驶执照能够帮助贷款人在贷款业务的关键时期进一步了解借款人的背景情况。

贷款定价

线上贷款人比传统商业银行提供的贷款价格更为昂贵。因为他们发放贷款的资金来源于私募、贷款转卖或贷款融资等，资本成本远高于 FDIC 保险项下的存款利率，因此必须通过提高贷款价格来覆盖资金成本。

这些贷款人所使用的定价工具各不相同。

利率：所有线上贷款人都把利率作为贷款价格的一部分，且通常看到的利率水平处在合理区间，从 12% 到 18%。这些利率可能仅通过简单计算获得，即贷款人对贷款余额部分计算利息，而不是给出一个固定的利率。

贷款发起费用：线上贷款人把所有融资手续费用分解为多个部分，其中贷款发起费用是一项很重要的收费。这部分费用并不是由借款人直接缴纳，而是从贷款总额中扣除。换句话说，贷款发起费减少了借款人实际获得的贷款资金总额，而需要偿还的贷款总额却不变。

例如，10000 美元贷款如果收 5% 的贷款发起费的话，那么 500 美元的发起费就会从贷款总额中扣除。即借款人实际得到 9500 美元，而仍需偿还 10000 美元本金、利息和其他手续费。利息的计算基础是 10000 美元本金。

银行非常熟悉将手续费打折扣的做法，这样做既能增加手续费收入，又能提高贷款收益率，因为 500 美元的手续费仍然要征收利息，但这笔钱从未划转到借款人的账户。

风险溢价：线上贷款人通常会在普通利息的基础上征收额外的费用。这笔费用的名称各有不同，征收的目的是为补偿贷款人在本交易当中承担的信用风险，也就是对一部分借款人发放贷款而最终可能无法全额收回的风险。

不同的贷款人用不同的方式来推导和计算这个费用，利率在 2% ~ 20%。这一笔费用通常要求借款人在整个还款期内清偿，有时是独立于计息贷款进行计算的。

此类费用是由贷款人根据借款人的现金流、实际信用等级、环境评估信用得分或其他还款风险进行计算的。

这些不同的定价方案似乎有意歪曲真实融资成本，因为过高的融资成本会把借款人吓跑。最好提供一个所有融资成本的概括报价，例如"借款额的 15%"，告知借款人该笔贷款只征收 15% 的利息。

线上贷款人有意掩盖真实的贷款利率的原因，只因为他们有条件这么做。在大多数州，线上贷款人所受到的监管并没有要求他们披露更多的信息以告知借款人真实的融资成本。贷款人有意避免使用年利率这样的计算标准，概括融资成本也不进行相对比较。

即便如此，这些贷款定价在总体上看是公平的。原因是贷款人面临较高风险，产品无抵押，以及为促进交易完成而进行快速申请、审批和出资。相比商业银行困难高压的信贷政策，借款人在接受这些高利率方面会经历更少的痛苦。至少即便被线上贷款人拒绝，也会很高效并不会公开。

贷款成交

在所有线上贷款人带给借款企业的创新和便利当中，最方便的当属网上贷款成交过程。如果是银行贷款，企业主需要在关键的营业时间离开企业前往银行，在各类繁杂的文件当中翻来翻去，无数次地签署自己的名字。而网上贷款只需要在电话上便能实时办理贷款完结。

成交环节可以通过数字工具随时预约。鉴于线上贷款人雇用专门的贷款成交雇员，因此借款人基本上可以选择任何方便的时间。

贷款人和借款人登录到一个共同的网页，并在该网页探讨贷款期限、审批条件、贷款金额、费用和利息等一系列问题。根据借款人的信用局文件，成交代表将对借款人提出一两个与信用相关的问题。信用局文件并非贷款申请的一部分，而成交代表问问题的目的是核实借款人的真实身份。

经借款人同意，他们通过在电脑屏幕上的一个指定区域用鼠标签名来成交贷款。贷款人提出通过 ACH 将款项打入借款人的银行账户，一般 24~72 小时到账。在款项完全到账并不可逆转之后，借款人通常在第四个工作日开始进行每日小额还款。

以这种方式成交和转账更方便，更便宜，而且不容易出现错误。

贷款服务

通过 ACH 手段自动收取还款意味着不用取邮件，不必使用 lock-mail，不用处理、取消支票或每日办理银行存款。线上贷款人只需要在网上监测资金划出至借款人账户的贷记和资金划入贷款人账户的借记数字即可。

只要制定的还款账户中每日资金头寸按照还款计划支付，那么线上贷款人就能够集中精力拓展新业务。不过，贷款人有时确实会遇到有问题的账户，他们会提前做好准备进行干预。

一般情况下，若某一天出现还款遗漏，即借款人的账户上当日头寸不足以按计划支付还款，那么线上贷款人会收到一份自动生成的报告，罗列所有的还款遗漏账户。第二天，若借款人已在账户中补足头寸，账户将按照原定计划贷记。

下一周中的某一天，上周未还的款项会连同当日还款一并贷记，当然要加上因拖欠产生的罚息。

如果连续两天发生还款遗漏，业务代表会致电企业主，询问是否出现忘记还款、存款账户是否出错，或借款企业是否缺乏现金等情况。业务代表有权采取一系列措施，最终目的是促使借款人进款回归正常的还款计划。

若企业主出现还款困难是暂时的，需要一些灵活性的话，可选的两种方案是暂停还款几日，或在几周内降低要求的还款额。鉴于借款人的信息、联系方式及决策过程都是在数字平台完成的，贷款人进一步加强对借款人的监测是十分方便的。在业务发起时，贷款人便预留了借款人的联系方式，业务代表能够随时对该客户的还款历史及还款困难问题有所了解。

此外，通过信用局和银行的监控报告服务，贷款人能够监测到借款人是否将存款转移到其他的银行账户，以制造还款能力不足的假象。

客户在三次未还款之后即正式违约，对于每日营业的行业来讲三次还款即三个工作日还款。当出现 45 次未还款或贷款逾期 60 日后，贷款将被核销。线上贷款人会聘请催收律师向借款人催收。

对于那些守旧的借款人来说，即便从新时代的线上贷款人处获得融资，有时也想通过开支票的传统方式归还欠款或提前还款。通常线上贷款人会接受这样的支付方式，不过每张支票会附加 15 美元的额外费用。

线上贷款人如何获得资金

对于贷款业务，众所周知的是，贷款需要大量资金。虽然不同种类的贷款人有不同的资金来源，但贷款公司本身都想最大限度地利用自己的资本，以满足借款人的需求。

线上贷款人差异不大。线上贷款人都从使用自有资本开始，但他们不像银行那样把资金用于盖大楼，建造银行柜台和购置保险箱，而是用来投资于网页制作及运营平台。此外，他们还会进行投资研究、编程及 SEO 策略，不会在办公桌、办公用具等方面花钱。

但在那之后，他们开始用资金进行放贷。和其他贷款机构一样，他们经历发放贷款、回收贷款，然后继续用收益发放贷款的循环。

假如贷款业务稍有起色，线上贷款人就会面临资金不足难以支持业务拓展的问题，此时贷款人就需要进行融资。但与银行不同，线上贷款人不能通过发行存单的方式吸引资金。银行的主要资金来源是存款人：企业和个人在银行建立一个交易账户，将暂时不用的资金放在安全的银行账户里，用于资金管理和满足支付需求。

线上贷款人有三个主要的资金来源，以提供流动性，帮助他们做出新的贷款。

1. 销售股权：线上贷款人可以通过发行股份获取大量资金，并直接用于经营发展业务。可以说这种资金是最便宜，也是最贵的。如果不保证股息，则股票在短期内不需要任何现金流。

从长远来看，更成功的公司，发售股权成本更高。但这一成本是必需的，因为只有特定少数投资者愿意对处于发展早期且仍未盈利的企业进行投资并承担高风险。那些更高的风险需要极高的回报。

2. 销售贷款：在建立一个积极稳定的放贷和回收业务记录之后，

一家线上贷款人可以选择以贷款转卖的形式获得资金，而不是出售股份。对这些贷款投资者的偿还条件与借款人对贷款人的偿还条件完全相同，利率对于投资者来讲非常具有吸引力。

这些贷款转卖的结构多样，但通常由贷款人向投资者以平价转卖，外加一定的发起费用或服务费。投资者获得贷款所有的本金和利息。贷款人真正的成本在于没有获得贷款收入，他们不得不放弃利润最丰厚的业务部分而获得足够的资金，用于进一步发放贷款。

3. 贷款人融资：在建立一个有利可图的模型和证明他们可以赚取可观的利润后，线上贷款人可以从银行获得资金，使资金成本明显下降。不过，这需要很长一段时间。

大多数线上贷款人需要 2 ~ 3 年的时间在盈利前提下将业务扩大到能够获得银行贷款的程度。线上贷款人还面临大量摊销成本的挑战。软件比房地产摊销的寿命要短很多，这使贷款人在早年的利润大幅缩水。

大多数银行需要借款人连续两年盈利之后才会考虑对其授信，即便如此，授信价格也不便宜。

本章注释

1. "Great Graphic: U.S. Job Growth Compared to Past Downturns," MarcToMarket. com, www.marctomarket.com/2013/05/great-graphic-us-job-growth-compared. html (accessed November 12, 2013).
2. The referenced transaction terms and calculations present a logical interpretation of the information read from the referenced "purchase" offer from a well-known MCA company. The exact calculations and methodology of determining cost and ROI by the MCAs presumably are proprietary and are generally not disclosed outside those companies. This example was obtained from a business owner who apparently did not receive the offer and was trying to secure better terms at the time this document was provided.
3. Sarah Weston, "A New Chapter Opens for Merchant Cash Advance," Greensheet.com, June 25, 2012, www.greensheet.com/emagazine.php?issue_ number=120602.

4. Sarah Weston, "A New Chapter Opens for Merchant Cash Advance," Greensheet.com, June 25, 2012, www.greensheet.com/emagazine.php?issue_number=120602.

5. Refers to a daily, weekly, or monthly report designed for borrowing clients to report the details of their current assets to their lenders, usually including accounts receivable and inventory. The details include a complete listing identifying each account by name, the value sum, and aging.

6. "We've Been Helping Small Businesses Grow since 2007," OnDeck.com, https://www.ondeck.com/our-company/overview (accessed January 21, 2014).

7. Inclusion on this list is not an absolute assertion that all these sites are presently used by the various online lenders. While all are considered pertinent and likely to be employed, online lenders do not publish the actual data they collect to assess client companies and the information they do collect is subject to change from time to time as their assessment of its usefulness is recalibrated against actual portfolio performance.

8. Ethority.com, "Social Media Prism," www.ethority.net/blog/social-media-prism/ (accessed November 25, 2013). (Note: page may require translation to English.)

第8章 众筹与捐赠者、创新者、贷款人和股东

如今，融资就如同敲击一下手边的电脑键盘一样便利。对于营利和非营利公司，无论是捐款集资、贷款，甚至是股权融资、众筹融资都是一个可行的选择。此外，它服务于个人艺术家、社会企业家，以及其他各种各样需要融资的消费者。

事实证明，众筹的力量是巨大的。根据一家投资者权益维护团体——北美证券监管协会（North American Securities Administrators Association），包含众筹的互联网域名在 2012 年已经从 900 个飙升至 8800 个。[①]

根据 massolutions. com 众筹市场分析师的统计，"全球众筹市场的年增长率从 2011 年的 64% 加速至 2012 年的 81%。我们预测在 2013 年的总资金量达到 51 亿美元"。[②] 告诉你这个数字背后的意义，90% 的美国银行的资产不到 10 亿美元。[③]

The Elevation Dock 是一家专门为苹果智能手机制造支架的企业。2012 年，这家企业成为第一家融资额达到 100 万美元的众筹企业，在当时是里程碑事件。而几个月后，Pebble Technology 仅在 28 小时

---

① "How to Prepare a Successful Crowdfunding Pitch", Entreprenuer, May 7 2013, www. entrepreneur. com/article/226576#.

② "2013CF Crowdfunding Market Outlook Report", www. crowdsourcing. org/editorial/2013cf – crowdfunding – outlook – report/26448（2013 年 11 月 4 日登录）.

③ "Community Banking Facts", Independent Community Bankers of America, www. icba. org/files/ICBASites/PDFs/cbfacts. pdf（2013 年 11 月 4 日登录）.

内就达到这一融资量，最终融资总额达到 1000 万美元。

投资人——资助文艺事业，解决社会问题，无条件地扶持本地企业

对于任何一个社区，也就是众筹中的"众"，众筹提供了一个新的现象，即能够将亲密的关系、对某项事物的着迷，以及对一个好主意、项目、方案或其他被吸引的事物的现场反应（通常是情感反应）立即转化为现金。不论是一个成熟的慈善机构、一场政治运动还是邻近的停车场，只要有一个号召和一个精心准备的众筹方案，就能把一个特定的社区组织起来，为更大的利益作出贡献。

如果能够成功地表达自己的价值主张，建立一种紧迫感，并为努力投入工作的各方提供足够的、增量激励，那么这场活动就能够溢出到其他非"社区"成员的视野范围内，让这些人觉得活动背后的创意有足够的吸引力而提供财力支持，加入众筹。

奥巴马在竞选总统时打破了所有障碍，通过新型社交媒体例如 Facebook，以及电子邮件和短信等方式向精通现代科技手段的年轻一代宣传，呼吁大家捐款。虽然当时麦卡恩的竞选团队讥笑这种为了 3 美元捐款而开展的宣传攻势，但奥巴马团队成功地动员大量小额捐款人，最终形成大额捐款。

来自 300 万人的任何款项都会增加。有很多捐赠者通过奥巴马阵营贡献了 6 亿美元来支持他的选举。在竞选过程中，许多人第二次、第三次，甚至更多次捐款。

捐助者有捐款方式，他们的电脑或电话直接联系到他们的银行账户或信用卡，也使捐款过程迅速便捷。

奥巴马竞选团队的策略还包括跟踪捐款者所关注的具体问题，并通过邮件方式将这些问题的原因定期进行沟通。对这些问题同样

关注的流行文化明星也会定期发送一些充满感情色彩的呼吁。

- 正如 Dan Marom[①] 所说，奥巴马竞选团队经常利用亚文化中的明星，把他们放在竞选活动的前线评论实事。竞选团队不会随意地群发邮件，而是请一些不同亚文化领域的意见领袖帮助竞选团队吸纳捐款和支持。例如

- Sandra Fluke：一个著名的女权主义者和同性恋者的倡导者发送电子邮件给奥巴马，讨论避孕、强奸和健康选择等，这些对于女性选民来说是很关键的问题。

- Kan Penn：一位印度裔美国演员和年轻选民的文化形象代表，向潜在的捐助者发送电子邮件，称这些年轻选民为"朋友们（没错，我们是朋友）"，通过友好地打招呼拉近与年轻选民的距离。

- Lena Dunham：一位作家，演员，导演，在年轻的独立群体中的杰出人物。Dunham 制作了一段视频鼓励年轻人。

当然，大选结束之后，财务上的支出仍要继续。

这些策略在慈善界也非常普遍，业界人士也在培养自己针对新一代捐款人的筹资能力。这些捐款人看到贴邮票的信封、潦草的宣传册和捐款宴会等活动，通常都不为所动。众筹使得筹资的艺术得以复兴，而同时公共融资项目的作用在不断减弱，传统老年捐款者也越来越少。

博物馆的大型展览一直由基金、大公司和主要捐助者支持。但史密森尼博物馆通过众筹募集了超过 130000 美元的资金用于在弗瑞尔和萨克勒画廊[②]举办一次瑜伽展览。面临自大萧条以来财力相对亏

---

① Dan Marom, "A Framework for Political Crowdfunding: Lessons from Present Obama," The Crowdfunding Revolution, www. danmarom. com/post/35627344098/a – framework – for – political – crowdfunding – lessons – from (accessed November 4, 2013).

② Nora Caplan – Bricker, "Crowdfunding Culture: Namaset, and Welcome to the Smithsonian," NewRepublic.com, 2013 年 7 月 4 日, www. newrepublic. com/article/113722/crowdfunding – culture – namaste – and – welcome – smithsonian#.

空的现状，博物馆前面两次筹资活动均以失败告终，但第三次尝试取得成功。谢天谢地！

一个有趣的现象是很多艺术家不再通过传统经纪人包装而直接走向公众，通过各种方式直接与愿意支持自己艺术创作的受众进行沟通。人们普遍认为，这种融资形式与那些通过融资支持博物馆、演出场馆和其他文化企业的机构形成直接竞争。

众筹也逐渐成为影响力投资的主要市场，投资目标通常是一些结合企业经营和慈善事业的公益类企业。在这方面，众筹有利于拓展投资者范围，筹资帮助那些结合盈利目的和慈善事业的企业。Exosphere，Inc. 于 2013 年 7 月 4 日发起了一次众筹活动，旨在为一个开放硬件航天飞机项目提供融资，项目目的是制造和发射一艘私人航天飞机用于探索外太空。[①]

还有很多其他的慈善组织采用众筹：医疗支出和购房首付。位于佛罗里达州奥兰多的一家地产公司开创了 HomeFunded. com 帮助客户筹集首付。在对冲基金不断增持房地产炒高房价的背景下[②]，这些客户需支付更高的房价来满足购房需求。

还有几家众筹网站成立旨在帮助病人支付医疗成本，通过 15000 个筹资项目[③]共募集 2000 万美元。此外，GiveForward. com 和 YouCaring. com 也是此类网站。

众筹网站 gofundme. com 提出各种其他有趣的筹资目的：动物和宠物，婴儿，孩子和家庭，庆祝活动和特殊事件，婚礼和蜜月等。

---

① "Exosphere Launches Crowdfunding Campaign for Open Hardware Space Shuttle," PR. com, 2013 年 7 月 7 日，www. pr. com/press – release/501598.

② "Orlando Realtor Launches Down Payment Crowdfunding SiteHomefunded. com," DigitalJournal. com，2013 年 7 月 4 日，www. digitaljournal. com/pr/1342261.

③ "Crowdfunding for Individual Medical Costs Becoming More Common," NonProfitQuarterly. org，2013 年 7 月 4 日， www. nonprofitquarterly. org/policysocial – context/22561 – crowdfunding – for – individual – medical – costs – becoming – more – common. html.

竞争对手 FundRazr. com 包含上述内容，此外还包括应对法律开销的筹资目的。

最令人不安的网站是 DonationTo. com 和 Graceful Goodbye. com （由前摩根士丹利银行家 Josh McClung 创立），这两个网站为葬礼收集赠款。

那么究竟是怎样运作的？吸引资金的神奇配方是什么。当认识到一次成功的筹资项目需要进行的具体步骤之后，就能够理解为什么用这个词。

虽然发起众筹的限制很少，但通常已经取得一定进展的发起人会拥有更高胜算。不做任何基础工作就在发起创意后两周内募集大量资金，虽然不是不可能，但十分罕见。多数众筹设立大量网站，仍然颗粒无收，无法达到众筹目的。这意味着什么？意味着美国癌症协会若能在现成融资计划项下发起一次有针对性的众筹项目，比另起炉灶重新设立一个非盈利众筹项目有更大的胜算。

下面是运行一个众筹项目的一般步骤，是一些众筹专家和顾问提出的。他们接受雇用，帮助组织融资活动。主要分为两个阶段：计划和执行。

项目计划

如同任何营销活动，众筹项目也需要一个详细的策略和计划，从而有利于沟通信息，同时引导目标受众做出相应的反应。一般而言，众筹项目的计划阶段包含以下 10 个步骤：

1. 在向更广泛的受众募集资金之前，先进行一个小规模试验项目，为最终项目发起做准备。在一个较好基础上进行的筹资活动往往会收到更好的效果，而且后续的资金将会为前面已经取得部分成功的项目提供更好的帮助。基于已有项目发起的众筹项目有更大的成功概率，而新募集的资金也能使整个项目更加成功。

2. 审慎地选择进行筹资的平台。随着筹资平台的数量在逐渐增加，选择一个好的平台也变得越来越难。在知名的平台中，虽然如Kickstarter. com 和 Indiegogo. com 是最大的，但是筹资者也需要面临与其他商业计划和筹资活动竞争的压力。其他平台虽然可以提供相同的服务，但是筹资者需要仔细甄别在哪些平台上是谁在筹资，该平台面向哪些行业和领域，自己项目所属领域中有多少项目，以及最终拿到融资的案例数量有多少。

3. 有创意地设计在平台上展示的项目介绍页面。想达到这个目标，可以先在其他平台上看看与自己相似的项目是如何介绍自己的，以及成功的（或者不成功的）项目介绍通常都包括哪些信息和细节。展示页面就像是你的微型网站，它们用来吸引投资者为他们感兴趣的项目和创意投资，这可能是你吸引公众注意、资金和投资者的唯一机会。所以确保你的展示页面包含清晰的目标和良好的品牌效应，同时提供一些图片来深入介绍你的故事。

4. 在筹资现场通过视频来展示项目是必不可少的，短视频（长度通常少于 3 分钟）的加入可以帮助提升 50% 的筹资成功率。许多筹资使用数码相机拍摄的视频已经可以取得成功，但是如果你的预算宽松的话，一个更加专业、制作精细的视频将会进一步提升成功的可能性。当然，事先学习和参考一下其他成功的筹资项目是如何利用视频来展示项目的，会有利于视频的准备工作。

5. 为投资者准备一些额外的福利（perk），它可以是很便宜的小饰品，也可以是独特无价的经历，这些都可能会使投资者更加慷慨。绝大多数成功的筹资都会根据投资人出资额度的不同，提供 4 ~ 5 档纪念品，聪明的做法也是需要花钱的。纪念品应该与筹资人和筹资项目有关，举例来说，一个乐队可以送给投资人他们的预售专辑、签名 CD，或者下一场演唱会后台的参观机会。虽然小礼品的预算还是要控制（一般来说推荐的水平是不超过相应出资额度的 10%），但是大部分好点子都是直接和投资者感兴趣的东西息息相关的。最常见的礼品在 25～50 美元之间，在多个筹资平台出现的纪念品也通常是最有趣的纪念品。

6. 要使用一个有保障的支付系统来收款，由于不同的筹资平台采用不同的收款方式，所以负责人要仔细查看平台使用条款，并确保自己的银行系统与支付安排与此兼容。

7. 设计一种既可以通过 Email 向相关方也可以通过社交媒体和朋友进行沟通交流的机制。在网站上仔细设计要传达的信息，应该做好准备将项目主页的链接发送到各个社交媒体上。

8. 拟订一份媒体清单，并准备广告材料来宣传筹资活动。寻找那些可能对本次活动感兴趣的媒体资源，如在线的日报、杂志、博客，甚至视频网站等。传统媒体对于小企业筹资的活动兴趣往往不大，但是取决于不同的组织形式，一旦有传统媒体对活动表现出兴趣开始关注，就将他们包括进来。准备好所有的媒体宣传用的资料，以便需要的时候可以随时找到它们。如果幸运的话，独特的项目可能会吸引一些传统媒体的目光。但如同所有的宣传类工作，大多数的项目宣传信息都会被忽视，因为不是新闻，不独特，或没有竞争对手的项目那么重要。即便如此也要尽力在媒体上发送消息，吸引更多眼球，增加受众数量。

9. 做好准备向现有受众展开路演，并提前告知路演的内容、流程及时间。发起者的朋友和家人以及其他相关利益群体能够加入进来会更好。这个群体对于筹资活动的成功有很重要的意义，他们的反应有助于吸引平台上其他参与者的注意力，也有助于吸引媒体的关注。许多筹资平台都实时地根据认购的情况更新同类项目的排名情况。当核心支持者开始认购、评论项目并在社交媒体上发消息时，项目在筹资平台上的排名也会相应上升。这些都会使筹资项目的曝光率大大增加，从而吸引到更多的投资者。

10. 招揽一批具有影响力的人物，在业界以及在国家层面具有很高的声望的人物，可以通过他们高调宣布参与投资，从而战略性地吸引更多支持和关注，还可以考虑建立一个匹配捐献模式。

项目执行

一旦计划足够详尽和完备了，那么众筹项目就要切实地被执行。虽然人物、信息、日期都已经像剧本一样被安排好了，但是实际执行依然充满了变数。路演日程安排需要随时对临时发生的情况做调整，对于我们刚刚得出的计划，以下三个步骤对于具体实施很有帮助：

1. 在开始路演的同时，要启动项目在筹资平台上的登录、在自己组织的网站上宣布行动、在所有可以覆盖到的媒体上发布新闻消息，并同时通过电子邮件向发送列表里的相关人士一一发送通知。尽可能地在起始日尽量制造声势。尽早地通知支持者、朋友和家人有望在头两天就带来 20% ~ 30% 的筹资款。也只有到这个时候，之前不了解项目的其他人才会被吸引，从而慢慢加入进来。

2. 提前准备好新闻稿，在项目进展过程时定期针对媒体营销。做好准备制作多个版本的宣传稿，从不同的新颖角度描述项目的成功标准。这样做的目标是提高受众的关注度，提高项目的知名度。使用正面评价，诸如筹资进度已经完成 25%、75% 或者 125%，可以按照任何标准鼓吹一下已经取得的成绩。发表一些大人物表达支持的声音，选摘社交媒体上已经刊登的具有正面评价的消息，能够表现筹资活动受到欢迎的消息是多多益善的。

3. 不要停下。跟踪现有成果、感谢投资者、与所有相关者保持联系是十分必要的，向他们提供进度报告，并鼓励他们继续向身边的人宣传这个项目。保持这种劲头会让项目在筹资平台上的排名上升，也会让更多的人加入来确保筹资活动的成功。一些组织良好的项目会每小时向外界发送最新情况，收集大额投资者相关的照片及评论，上传新的视频使得本次活动始终保持在人们的视线以内。一般来说，越活跃的活动组织，带来的筹资额也就越多。

很显然，众筹的工作需要大量的付出，但是如果可以辅以完备的计划和出色的创意，短时间内就可以收到很好的效果。没有任何两个众筹项目是相同的，正如没有相同的筹资平台一样。目前最有名也是最成功的平台是 Kickstarter，但是他们对项目也有自己的判断标准，只有经过平台认可的项目，才会被允许登录网站进行宣传活动。Kickstarter 会在网站上发布众筹项目结果的统计信息，如果仔细分析这些数字，你会发现这对于做好众筹是很有启发性的。这些数据每天实时更新，你可以在 www.kickstarter.com/help/stats 上面找到它们。

截止到作者写作本书的 2014 年 5 月时，Kickstarter[①] 已经：

- 成功上线 147954 个项目，其中 62219 个都成功地完成了筹资。

- 总计完成了 11.2 亿美元的筹资额。在这些资金中，有 9.65 亿美元已筹集，有 3100 万美元是仍在交付中的筹资额。

- 从投资人的角度看，共有 6232807 位投资人完成了 15349999 次投资，其中 1854574 位投资人都投资超过一次。

在 62219 个成功的项目中，按规模计：

- 小于 1000 美元的有 6739 个；
- 1000～9999 美元的有 39533 个；
- 10000～19999 美元的有 8323 个；
- 20000～99999 美元的有 6405 个；
- 100000～999999 美元的有 1157 个；

① www.kickstarter.com/help/stats（accessed 01/22/14）.

- 1000000 美元及以上的有 62 个。

所有这些数字还被分为了 13 个产业大类，反映了热情度较高的潜在投资群体以及营销另一些群体时可能面临的挑战。当然，绝大多数网站都不可能像 Kickstarter 这样成功，重点在于，众筹平台就是这样一个展示新想法、新团队、新创意，并为之带来资金支持的途径。

"短信/推特美元"

其他技术的发展为众筹策略带来了新的选择，但是都不像网站平台这样发展得这样快。还记得 2010 年海地地震吗？在美国国务院的大力协助下，红十字会第一次通过发送手机短信的形式进行了募捐活动①，这次活动募集资金 4300 万美元，你只需要发送"Haiti"至 90999，就可以捐出 10 美元给灾区。

从那时起，绝大多数短信募捐要么是直接通过已经设定好的电话号码进行筹资，要么是鼓励人们参加集会，在集会上择机进行募捐。短信是个很方便的工具，人们只需要坐着发个短信，省去了去银行付款或信用卡付款的麻烦，而捐赠的钱则从电话账单里面扣除。

根据 mGive.com 的统计，他们已经成功地通过短信募集到了 6500 万美元，并且获得了超过 100 万电话用户的资料数据②。他们为大约 500 名非营利性组织的客户组织了超过 10000 次募捐活动，这其中就包括代表红十字会进行的海地灾后重建项目。

电信服务商 MobileCause.com 提供的数据显示，在集会上进行的短信募捐所获得的平均金额要高于包含了其他方式的所有短信募捐的平均金额（前者达到 167 美元，而短信募捐整体的平均数是 107

---

① Amy Gahran, "Donating to Charity by Text Message: Lessons form Haiti," CNN. com, 2012 年 1 月 14 日，www. cnn. com/2012/01/12/tech/mobile/charity – donations – text – messages/.

② mGive. com, http: //mgive. com/resources/fag. aspx（2013 年 11 月 18 日登录）.

美元），而收到的所有捐赠承诺的 84% 最终完成实际捐款。但是当募资活动要为电信募捐收取 5～10 美元的费用时，这个比例直线下降到 59%[①]。一般来说，从捐赠者发送短信，到款项最终到达发起组织的账户，一般需要 60～90 天，电信运营商需要先扣除用户的电话费，再将费用转账给发起者。对于第一次注册募集的发起者，这个过程可能还要更长。

另一项很有前景的募资方式是通过一家亚特兰大的公司 Twit-Pay. com 在 Twitter 上进行筹资。网民只需要一次注册他们的支付信息，然后就可以通过发送推特的方式进行投资或捐赠。这种方式的方便之处在于，发起者只需发送一条推特即可开始筹资行动，而发起者的粉丝也只需要在原推特下面评论就可以捐资。不过，对于这种方式，推特爱好者们显然并不买账，这家公司也在 2012 年倒闭了。

创新者——你买，我就做

一个全新的吸引眼球的筹资方式最近流行起来：你买，我就做。众筹从来就没有被限制在仅仅接受投资或捐资上，许多企业家利用这种新的方式，成功开创了新的筹资模式，即先接受投资，利用投资做好产品后再送投资者一件。目前最有影响力的案例就是 Pebble 手表的故事。《企业家》杂志是这样描述的[②]：

2012 年 4 月 11 日，年轻的工程师 Eric Migicovsky 在 Kickstarter 上发布了一项 100000 美元的众筹项目，他希望筹得资金来进行 Peb-

---

① MobileCause. com，www. mobilecause. com/mobile－giving－stats/（2013 年 11 月 18 日登录）.

② "How to Prepare A Successful Crowdfunding Pitch," Entrepreneur, 2013 年 5 月 7 日，www. entrepreneur. com/article/226576#.

ble 手表雏形的研发。Pebble 手表是一款可以通过蓝牙和安卓或 iPhone 手机无线连接的智能手表，用户可以通过它查阅电子邮件、日历提醒、社交媒体更新和来电显示，也可以播放音乐、使用 GPS 定位和查询时间。

他的项目在 Kickstarter 的极客社区里引起了巨大的反响，截至 5 月 18 日，Migicovsky 已经惊人地从接近 70000 名投资人那里筹得了 1020 万美元，而且筹得第一个 100 万美元仅仅用了 28 个小时。Kick-starter 对于投资人的捐款提供福利、奖品或产品回报，而并非投资权益。在这个案例中，根据出资额的不同，项目的支持者会在 Pebble 手表真正上市之前就拿到 1 块或多块成品，这些都会被算进预售的数量中。当然，Pebble 手表很快成为了一个畅销的产品，这也证明了众筹不仅起作用，而且还真的可以成就成功的商业项目。

Migicovsky 对这款手表的研发已经进行了若干年，而且在项目的初始阶段也筹集到了大约 37.5 万美元的启动资金。但是这之后，硅谷的 VC 们纷纷退出，因为他们认为最终的产品在市场上是缺乏需求的。在前期营销工作让他的产品已经小有名气之后，Kickstarter 是 Migicovsky 最后仅有的选择。但是他在筹得 1000 万美元之后的挣扎，尤其是制造商跳票延期和 iOS 自身鼓掌等问题，都为那些认为众筹很容易的人敲响了警钟。

"你最不该犯的错误就是认为它（众筹）很轻松"，来自 Crowd-fund Capital Advisors 的战略分析师 Jason Best 如此说到，"你必须制定筹资策略。在任何时候，筹钱都不是一件容易的事，需要付出巨大的努力，也需要找到一条迎合消费者的合理的方法"。①

这个故事最大的意义在于数字化高速公路为企业家提供了新的营销渠道，让消费者在还不知道自己需要什么样的产品或服务时就

---

① Ibid.

164

被吸引过来。消费者之所以不知道自己想要什么，是因为这些产品和服务在这个时候根本没有被生产出来。在这个例子中，企业在融资阶段绕过了传统的资本市场，也在销售阶段绕过了传统的销售市场，而是直接将产品摆到了消费者的面前——消费者在同一单买卖中既是投资者，也是购买者。

众筹平台对企业有某种程度上的背书作用，也增长了投资群体选择投资的信心——当人们看到其他人蜂拥至项目的时候，自己也会更有信心。人们认为在某种程度上，众筹平台已经对筹资者进行了某种程度的尽职调查。众筹的这个特点，导致未来在这个平台上，会有更多具备产品创新能力的企业获得融资。在创业投资圈子里，一个被广为承认的结论是，很多有吸引力的项目最终宣告失败并不是因为创意不好，或产品不好，也不是因为无法吸引消费者的兴趣，而是风险投资者不放心，认为项目不会产生巨额投资回报。

出资人——兄弟，能帮我还信用卡吗？

2005 年，社交网站 Kiva.com 搭建了一个点对点（P2P）的借贷平台，开始为全球低收入企业主提供帮助，使这些小企业的创意能够跳到充满同情心的西方投资者的电脑屏幕上。这种模式后来被国内的创新者模仿，为投资者提供了一个绕开大银行的财务公司的投资渠道，通过 P2P 方式向消费者提供低成本的消费贷款。P2P 融资在美国和欧洲迅速流行开来，它为个人借贷者提供了超过 40 亿美元的贷款，支持他们从事装修、购车、医疗，最常见的是为那些成本高昂的信用卡债务提供了再融资。LendingClub.com、Prosper.com 和英国的 Zopa.com 是市场上最有影响力的三个机构，他们都具有较大的融资额和投资人资源，也为投资人取得了良好的投资收益。

P2P 的逻辑看上去很简单：（1）寻找到希望获取比银行存款更

高收益的投资者；（2）给予他们6%～9%的投资收益；（3）将筹得的资金投放给高收益的消费贷款，以及那些不得不以29.99%的利率偿还信用卡账单的消费者。当然，在现实中，这个链条要更为复杂。

除法律上特许的银行之外，任何一个主体发行的债务都被认为是一种有价证券，因此，从大众筹资并投资于消费贷款的方式是受到《1933年证券法》的监管的，必须在美国证券交易委员会登记注册，即使平均的借贷额度可能仅仅只有10000美元。这些障碍在信息进步的时代已经被系统地克服了，但是对具体运作带来了额外成本和风险。Lending Club是目前最成功的P2P平台，2006年以来已经成功借出33.95亿美元[①]，比Prosper.com（6.92亿美元[②]）和Zopa.com（4.52亿英镑，折合7.5亿美元[③]）加在一起还多出一大截。虽然在发行额度可能小到1000美元面值的有价证券的过程中，Lending Club也要克服作为一家非银行机构所面临的监管阻力，但是他们也为自己创造出的笔数众多的贷款负起了责任。他们的模式对于借款者来说简单明了，以下是贷款协议上的一些规则：

● 会员在同意平台关于贷款业务相关条件的基础上，可申请额度在1000～35000美元的贷款。平台会挑选那些合格的申请表发送给会员投资人。会员在同一时刻只能申请一笔贷款，但是可以持有两笔贷款。

● 所有的会员都需要达到Web Bank（Lending Club的合作伙伴）提出的最低信用标准，这个标准包括在FICO测试中达到660分以上、最低DTI（债务—收入比）比例和一些其他未公开的条款。

● 借款申请表要求申请人披露收入情况，并且需要雇主进行核

---

① LendingClub. com，http：//www. lendingclub. com/public/about－us. action（2014年1月22日登录）.

② Prosper. com，www. prosper. com/about/（2014年1月22日登录）.

③ Zopa. com，www. zopa. com/about－zopa/about－zopa＝home（2014年1月22日登录）.

实，同时需要提供一份信用报告。利用这些信息和申请表，网站可以把贷款申请用"A"到"G"进行分级，每一级还有 1 ~ 5 五个档次。

● 申请流程还要求申请者同意 Lending Club 有代表会员对债务行权并签署 IRS 4506 号税务表的权利，这可以满足联邦收入税的一些法律要求。

● 会员申请人还需要交出占申请贷款额 1.11% 至 5% 的不可退回的贷款发放费，来作为 Lending Club 行使尽职调查和将申请递交投资人硬性开支。这笔费用将会从贷款总额里扣除，但在贷款全额摊销之前仍作为本金的一部分产生利息。

● Lending Club 根据申请的等级来为贷款定价，并将申请发送给投资者进行考量和投标。不论贷款最终是否成功，申请的发布期限为 14 天。

● 在第 14 天当天或之前，投资者都可以选择是否要认购这项债务。在这期间的结果可能有三种：

○ 如果贷款被完全认购，那么马上就此结项，完成募资；

○ 如果超过 60% 的份额被投资者认购，那么这项贷款将会在第 14 天后完成募资；

○ 如果少于 60% 的份额被认购，那么申请者可以选择接受这个较少的借款，也可以取消借款，也可以取消借款后马上再次提交申请。

● Lending Club 根据借款人收到的款项，向投资人收取 1% 的服务费。

Lending Club 的借款人平均资质[①]比许多人想象得要好很多（表 8.1）。申请的评级决定了借款成本，A 级别的借款者的平均成本约为年化 7.65%，而 G 级别的将会达到 24.44%。同样地，付给投资

---

① LendingClub. com，http：//www. lendingclub. com/public/steady – returns. action （2013 年 11 月 9 日登录）.

者的收益率①也根据借款人评级的不同而不等，借款给 A 级申请者可以收到 5.11%，但是 C 级申请者则为 9.29% 。

表 8.1　　Lending Club 借款人的平均数据（截至 2013 年 11 月）

FICO 分数	703
债务收入比 DTI	16.2%（不包括房贷）
信用历史	15 年
个人年收入	71130 美元
平均贷款	13490 美元

数据来源：LendingClub. com。

为什么借款人要采取 P2P 的方式借款呢？理由多种多样②，但是绝大多数借款人的理由是用这笔借款来归还利率更高的借款，正如图 8.1 所示。

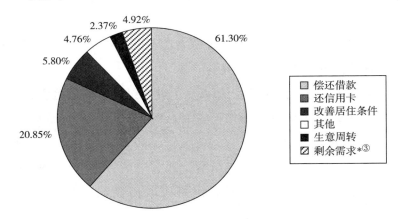

数据来源：LendingClub. com。

图 8.1　　借款者采取 P2P 模式的原因（截至 2013 年 11 月）

从技术层面说，所有 Lending Club 上的贷款都是直接由 WebBa-

---

① 　LendingClub. com，http：//www. lendingclub. com/public/steady – returns. action（2013 年 11 月 9 日登录）.

② 　LendingClub. com，http：//www. lendingclub. com/info/statistics. action（accessed November 10，2013）.

③ 　*剩余需求包括：大宗购买、车贷、房贷、医疗、搬迁、度假、培训和绿色借贷。

nk 提供的，这是一家犹他州注册的工业银行，通过一些借贷公司在全国范围内提供私人客户，并向他们提供借贷产品。它的银行牌照可以轻松跨越州界线，融资交易中的借款人合规问题得到了解决，也减少了他们在全国开展业务的成本。WebBank 向由 Lending Club 背书的合格借款者提供资金，同时将这一债务卖给 Lending Club。目前，Lending Club 只在 45 个州开展自己的业务。

投资者从 Lending Club 这里购买固定收益产品"消费者精选票据"（Prime Consumer Notes）的一个份额，这个产品每个月会付给投资人来自借款人本金和利息的现金流。投资者可以通过在成百上千只这样的利率产品中的选择来分摊风险，也可以根据自身不同的风险偏好和投资目的，来选择不同等级的票据。Lending Club 强调投资者的资金并非直接用于对消费者放贷，而是用于投资所谓的"会员支付关联票据"（Member Payment Dependent Notes），每一张票据都代表着选定的贷款的现金流支付，最终被给予投资者。

网站上发起的贷款需求需要满足一定的承销标准，让投资者放心贷款并满足一系列最低信用标准。然后就需要有足够的投资者来认购关联票据，用于支持贷款端的资金需求。一旦有足够的投资者缴付足够的资本金后，在关联票据投资金额的担保下，WebBank 就会将实际的款项付给借款人。

在包含了许多条款和标准的前提下，作为投资说明书的一部分，Lending Club 向他的投资者们解释了贷款存在完全违约的可能，同时为了避免投资者血本无归，Lending Club 也鼓励投资者通过不同的贷款资产组合来分散风险。就像一个章节的标题的含义那样，"多元化的益处"，两个图表[①]反映了如下事实：平均而言，投资 100 个以上的票据，同时每张票据的投资额都不超过该票据面值的 2.5% 的投资

---

① LendingClub.com, http：//www.lendingclub.com/info/statistics － performance.action（2013 年 11 月 10 日登录）．

者，其组合表现要优于那些没有这么做的投资者的组合。

网站还提供了关于贷款表现的粗略分析以降低投资者的期待。如图 8.2 所示，Lending Club 展示了建立在历史追踪数据基础上的 9 个月内贷款状态迁移①的示意图，它表现了贷款的平均表现。

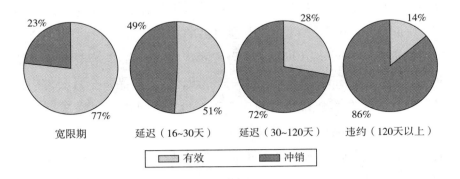

数据来源：Lending Club。

图 8.2 9 个月期贷款迁移（2012 年 8 月、9 月、10 月三个月）

图 8.2 只选择了观察期前存续了 3 个月以上的贷款，并展示了 9 个月后是如何被逐步冲销的。在 9 个月里，处于宽限期的贷款中有 23% 被冲销，而在最后 90 天里有 72% 的会被冲销。图 8.2 展示出的信息也许并不全面，但是也足够让投资者明白，这些有价证券的风险究竟有多大了。

网站还提供了关于不同信用等级证券的表现情况，在"随时间等级比例"（Grade Mix Over Time）的表格中②，展示了随着时间变化各个等级债务占公司总借贷活动中比例的变化情况。同时这一部分也包括各信用等级中提供的贷款总额，以及已偿还和未偿还的债务总数。未偿还的债务又被细分为正常、延期、冲销和违约四种。

---

① LendingClub.com，http：//www.lendingclub.com/info/statistics － performance.action（2013 年 11 月 10 日登录）.

② LendingClub.com，http：//www.lendingclub.com/info/demand － and － credit － profile.action（2013 年 11 月 10 日登录）.

此外，对各个信用等级的平均利率、净年化收益率和经调整净年化收益率等情况也进行了介绍。

净年化收益率的计算方法是用贷款利息和延期还款罚息除以未偿还贷款总额，Lending Club 将已冲销的贷款本金和 1% 的服务费从分母中扣除，投资者可以根据这些数据来判断自己的投资收益情况。此外，Lending Club 还通过假设未来贷款损失情况，基于当前"正常"状态之外的未偿还贷款占比情况，计算了经调整后的净年化收益率。最令人惊讶的是，Lending Club 还提供了除借款者身份信息以外的关于网站历史活动的大量数据，访问者可以看到过往的贷款情况，以及被 Lending Club 拒绝的借款申请。

谁会在 Lending Club 上投资呢？事实上，从银行、信用合作社，到另类投资者，再到小微投资者，他们都想在这里投资来获得高额收益。由于他们可以根据自身需求购买一定数额的某一档信用评级的债务，所以拥有较大自由度，投资策略也各不相同。

大多数受监管的投资者被限定只能投资 A 级和 B 级的产品，这样的产品显然具有更低的风险和回报，但是依然为银行提供一个获取超过他们自己产品线收益回报的机会，并将目标对准某些市场来增强其信用风险敞口的合规要求。

银行和信用社也可以利用 Lending Club 的平台进行产品销售，并允许他们自己的储户直接访问该网站，之后银行可以决定是否发放贷款。

成为股东——网上营销股权

在网上向公众募集资金的美好前景是过去 80 年来美国证券法规发展中最重要的变革之一，《乔布斯法》允许投资者认购风投在网上发布的众筹交易份额，公司也有机会直接把自己的股权上市到网上交易平台，从而吸引那些以往他们自己和他们的技术经纪商素未谋面的投资群体。这种新兴的资本运作方式对于企业、监管者和投资者都带来了新的预期、新的责任和新的义务。

在新法律框架下，企业允许在 12 个月内，在由美国证券交易委员会认可的众筹网站上，向无数量限制的投资者筹集不超过 100 万美元的资金。起初，只有被认证的投资者①——年收入超过 20 万美元或净资产至少 100 万美元——才有资格购买这些证券。但 2014 年发布新的众筹投资规则之后，全社会大众都将有机会参与投资。

2012 年 4 月 5 日，奥巴马总统签署了《乔布斯法》。该法案在诸多竞争性法案中脱颖而出，对各类证券法提出了修正，以支持股权众筹行业发展。但是与那些无约束的"捐赠者—发起人"模式的众筹活动不同，SEC 发布了一份 585 页的众筹股权规则草稿②来指导相关利益者的行为，不过最终版本的发布日期尚未确定。新法案中都包括什么？最重要的一些条款包括：

● 法案提高了公司成为必须披露信息的公众公司的股东数量的临界值，由原来的 500 人提高到现在的 500 名"未经认可"的股东，而股东总数上限为 2000 人。

● 根据不同情况，法案针对某些类型的小额发行增加了无须经 SEC 注册即可筹资的豁免情况，这种豁免允许企业使用网络门户进行筹资，但该网络门户必须在 SEC 注册。

● 法案规定了一个投资者每年可以参与众筹融资的额度，这与他的收入或净资产有关。对于年收入少于 100000 美元的人群，这个额度的大小为 2000 美元和年收入 5% 之中的高者；而对于年收入高

---

① Investopedia. com，www. investopedia. com/terms/a/accreditedinvestor. asp（2013 年 11 月 11 日登录）.

② Securities and Exchange Commission，www. sec. gov/rules/proposed/2013/33 - 9470. pdf（2013 年 11 月 18 日登录）.

于 100000 美元的人群，这个额度为 100000 美元和年收入 10% 之中的低者。

- 法案要求募资 100000～500000 美元的公司向投资者提供用于参考的财务报表；募资 500000～1000000 美元的公司则需提供经审计的财务报表。

- 法案允许快速成长的公司在注册 5 年内可以免予一些必需的披露要求，一般而言这些要求在公司卖出股份时都是要求满足的。法案同时允许企业在五年内暂不履行必须满足《萨班斯—奥克斯利法案》404 条款所规定的繁琐的合规要求的义务。

- 法案解除了关于私募资金募资宣传广告的禁令，同时放松了一些对众筹的概念和描述的管制。

- 法案提高了在 A 条例下豁免的发行证券限额，从 50 万美元提高到了 5000 万美元，从而使得在该法案下组织更大规模的筹资活动成为可能；同时法案也提高了在社区银行购买股份的股东人数的限制，从 500 人提高到 2000 人。

自从《乔布斯法》签署生效，SEC 花了 16 个月的时间发布了执行规则，从而投资者和企业可以根据规则合法地在众筹平台上吸收资金。早期的众筹市场因为捐赠和 P2P 融资而被大家熟知，如今一个新的群体要通过众筹来购买股权了。

这个群体将包含一个完全不同的参与者，他必须浏览财务报表，尽职调查和其他一些前提条件，他们出资的目的是未来获取正向的投资收益。

一个有趣的插曲必将伴随着股权众筹的发展，成千上万的新投资者涉水到不太成熟的为初创企业提供融资的领域中，许多人可能以前从来没有投资于一家私人公司。他们会期望比正常创投更快的经济回报吗？他们对于公司未来的财务报表将保持多少耐心呢？

替这些小公司管理投资者很可能是一个全新的领域，因为投资者群体已经扩展到包括缺乏经验的投资者。显然，股权众筹不会像捐赠众筹中那样提供一些 T 恤和数字赞誉之类的小福利。

将新兴技术引入老的市场并不意味着没有挑战。在 20 世纪 30 年代，从投资者筹集股权资本是非常受规管的活动。现在将云端作为一个股权买卖的交易所，并不意味着旧的规则要被抛弃。

必须坚持同样详细的证券法则将会让许多兴奋的参与者感到惊讶，因为他们最初都有的错误印象是，网络将打开大门提供数百万美元供他们取走。相反，他们发现大部分相同的规则和流程仍然需要，只是添加了一些数字化捷径，之前的一些限制有所放松而已。

筹资将不完全是"狂野的西部"。《乔布斯法》有大量的要求、限制和义务以提供法律框架来保护众多参与者，创造一个比无监管的捐赠众筹更紧密的结构化市场。

技术带来了更多的能力，以促进资本股份交换，而且，这也是首次，技术将被用来确认双方遵守联邦法律。

为了提供透明度给所有参与者，需要融资的企业被要求向 SEC、网络平台经纪人及潜在投资者提供以下信息：

- 名称，法律状况，办公地址，以及公司董事、高管和主要股东的名字。
- 公司的经营计划和业务运作的描述。
- 提供包括所得税纳税申报表，人员认证的财务报表，融资金额在 500 万美元及以上的，还需提供经审计的财务报表。
- 目的说明和资金的使用意图，目标发行量，发行定价等。
- 企业的所有权和资本结构，包括企业各类别的证券和估值方法。
- 此前该公司发布的年度报告和财务报表。

这个过程类似于传统资本市场中对信息披露的要求，寻求融资的企业要向潜在投资者提供足够的信息来做出明智的决定。就像其他渠道一样，公司将有客观的法律和会计费用，以遵守现有的规章。

未改变的要求：

• 证券发行人及其管理人员，董事或合伙人在发行中谎报或删除重要信息的可被追究法律责任。

• 证券发行人不能宣传自己的证券，除了可以提供一个通知，以引导潜在投资人去发行他们证券的集资平台。

• 若有人通过经纪人或者门户网站提供的沟通渠道推销融资企业股票时，企业不得向其提供经济补偿。

• 通过这些门户网站提供的证券将受一年持有期限制，除非在某些情况下股票被转手。

除了罕见的例外，另一个没有改变的重要法规是州证券法律，为企业家筹集资金增添了更多的繁文缛节。尽管通常较之联邦法规限制较少，州证券法律仍须被遵守，并且一般来说，已经发展为相似之处大于差异。这些长久以来被称为蓝天法，旨在防止证券欺诈案件的发生，最早的蓝天法可追溯到 20 世纪早期。

小公司必须以其发行股票的投资者居住地进行注册。所以，如果 30 个来自 6 个州的投资者选择投资，加上联邦注册，企业需要进行 7 次注册向证券监管部门报备证券发行。这些规则在 D 条例提供的任何联邦安全港规则下都不能赦免或避免。

在《乔布斯法》签署之前，堪萨斯和乔治亚两个州是最早允许众筹股权在州内注册发行的。在这些州，企业家有权在仅得到州政府批准下在州内筹集资金而无须联邦政府批准，这种模式相较于跨州多地融资而言仍然有一定的优势。

2011 年 3 月，堪萨斯州证券委员会推出了投资堪萨斯赦免项目，允许在堪萨斯成立的公司向未认证的投资者融资 100 万美元以下，只要投资者是本州居民。同年 11 月，乔治亚州采取类似的立法。而值得注意的是，由于市场运作效果的不确定性和对发行人预期的不了解，几乎没有人利用这些新的立法。

据报道，堪萨斯通过参考采纳乔治亚州法律特点，修订了本州的一些法律条例。目前北卡罗来纳、南卡罗来纳、威斯康星州和德克萨斯州也逐渐有推动众筹股权州内注册发行的趋势了。

这个新市场会是什么样？

在咨询法律意见、使用纸质交易指令和注册券商的石器时代，遵守证券监管法规已经是一件很复杂的事情了。但新的数字化市场将带来更多形形色色的问题。有一家公司已经着手创建一个安全、合规的平台，供其他券商的网站接入，使共享技术成本更低，而不需要每个参与者建立自己的网站。

CommunityLeader. com 启动于 2012 年，它提供了一个共同的平台，其他企业可以基于该平台建立一个众筹门户。使用通用的技术，工具及合规将使更多的市场参与者动员得更快，从而加速市场成长。

他们的平台根据部分客户的需求提供一些基本的"阻止和解决"功能，如用户（投资者）身份确认，数字签名，以及爱国者法案合规性。此外，该门户将能够筛选潜在的投资者（挑选成熟的或经认证的投资者），并提供托管解决方案，以接收和分发投资者的资金。

社区领袖（CL）内的所有客户端的网站将被贴牌，这意味着公众不会知道他们参与其中。由 CL 提供的自定义网站将仅由客户端打造，由他们自由选择网页特征和窗口装饰。

CL 产品的另一个技术特点将是检测所有的众筹项目表现以用于 puffering（吹嘘、吹捧、抬价、托儿）。术语"puffer"① 来源于拍卖会，卖家会通过故意叫假投标人进行虚假出价，以抬高商品售价。

在众筹中，从理论上将操纵股价上涨以吸引更多购买者是可以

---

① Puffer Law and Legal Definition，USLegal. com，http：//definitions. uslegal. com/p/puffer/（2013 年 11 月 22 日登录）.

做到的。但是数字检测将能够揪出这样的行为。否则，如果承诺的透明度实际上隐藏了被操纵的股价，会使一批真正有想法的极客创业者阴沟里翻船。

数十家公司使用它们的技术建立众筹门户，并独立发展追随者和客户，这种企业发展的模式自然会引出问题。安全性如何？它真的符合新的、不断发展的规定吗？而且，谁拥有所有这些数据？

这些都不是小细节，随着前几个先驱者走进市场，出售股票，并观察结果，它们都会被整理出来。有关数据，开放或封闭网络方案都是可能的，由融资企业自己决定是否保护客户数据。

不是所有人都同意：SoMoLend.com 的反面案例

不幸的是，并不是所有的州政府都欣然接受众筹概念，而且如果按照一些 Crowdfund Intermediary Regulatory Advocates —— 众筹行业组织，或者叫 CIFRA —— 内部人士的逻辑推理，一些州已经准备叫停众筹。

SoMoLend.com，一个美国俄亥俄州辛辛那提的在线融资平台，在 2013 年 6 月收到了来自俄亥俄州证券委员会发出的停业警告通知。这家旨在连接小企业借款人和企业、机构、组织及个人债权人的融资平台，被指控有证券欺诈行为。

俄亥俄州的证券委员 Andrea L. Seidt 声称 SoMoLend Holdings LLC 可能涉嫌证券欺诈行为，制造并发布虚假财务预测，并对该公司自身当前和过去的财务业绩长期给出虚假陈述。

唯一的问题是，没有投资者曾经向俄亥俄州专员提出过申诉。该公司的总裁，Candace Klein 是成立 CIFRA 的行业领导层的一部分，多年来一直与州和联邦监管机构保持紧密沟通以敲定合理的众筹监管。

在福布斯杂志上①，CIFRA 的副主席 DJ Paul 建议有关方面仔细看看俄亥俄对 SoMoLend② 的通知和该州自己给证券交易委员会乔布斯法案标题三下关于 SEC's③ 监管举措的信。根据 Paul 的描述，"针对 Klein 运行的集资平台有一个清楚的相关性和偏见"。

《乔布斯法》的标题 III 创建了一个证券法下的注册豁免，发行人通过公开发行的方式在众筹网站的网上融资门户募集少于 100 万美元的资金的情况下可以得到这样的豁免。

至于该州给 SEC 的冗长的信中，俄亥俄 1 月声称《乔布斯法》的第 4（a）（6）条项下发售的证券投资者将失去他们的所有或部分投资。

"看俄亥俄州给美国证券交易委员会的信的内容，然后阅读该州对 SoMoLend 的通知/命令"，Paul 说，"对我来说很清楚的是俄亥俄的意图是通过 Candice（Klein）和 SoMoLend 瞄准一个行业，而不仅仅是 SoMoLend. com"④。

由对《乔布斯法》条例的反对意见看，俄亥俄州对集资有偏见的指控似乎是确凿的，如果真是这样的话，可能对该州企业家产生寒蝉效应。现在的问题是其他州过于热情的安全监管是否会对集资的蔓延产生相反的影响。

没有什么是完美的

对于众筹一个显著的挑战也是自身的一个显著的特征——一家

---

① Forbes. com，www. forbes. com/sites/mikalbelicover/2013/08/13/ohio – investigating – crowdfunding – platform – somolend/（2013 年 11 月 11 日登录）.

② Ohio Divison of Securities，http：//www. comapps. ohio. gov/secu/secu_ apps/FinalOrders/Files/2013/13 – 022％2osoMolend,％20（2013 年 11 月 11 日登录）.

③ Securities&Exchange Commision，www. sec. gov/comments/jobs – title – iii/jobstitleiii – 199. pdf（2013 年 11 月 11 日登录）.

④ Forbes. com（2013 年 11 月 11 日登录）.

未公开上市企业可拥有的股东人数上限被提升。《乔布斯法》将原来的 500 个股东的上限提高到 500 个非认证股东和总共 2000 个股东。更多的股东有什么不好，难道小盘市场的民主化不好吗？

问题是，天使投资和风投可能不愿意投资一家拥有数百个小型的、不成熟的、来自于"众筹轮"股东的公司。这可能会导致一些更有经验的企业者考虑在初始轮融资的时候避免众筹，理论上讲应该比围绕几十名天使投资人进行路演要容易。

在三轮或四轮前发行股票给这么多人，其结果就是要衡量稀释股份和价值增长之间的关系。在后续融资轮之前，需要早期投资者的认可，问题是新股估值的增长是否覆盖增加的流通股数量，以满足后续融资轮投资者的回报目标。

联邦集资规则的另一个问题对一些急于进入这一融资渠道的公司来说可能是沮丧的：严苛的财务报表要求。尽管有大量的需求，SEC 仍然拒绝修改其要求。IndieGoGo 的首席执行官 Slava Rubin 称之为"交易破坏王"。[①]

如果一家公司只需要 50 万美元融资，但仍需付费请注册会计师审查财务报表的话，他们大可以去商业银行贷款。即便是借 100 万美元的公司通常也不用来支付经审计的财务报表的费用，银行也不要求。

计划利用股权众筹的公司会因为同样需要满足与融资许多倍于自己的其他上市公司相同的年度披露规则而感到惊讶。但是，关于这笔资金入到的数字特性，一个有趣的点是，SEC 已经允许部分披露以视频或信息图标的形式进行，只要他们得到一个完整的文稿。

只要公司通过集资来持有股份，披露规则都适用。SEC 估计遵

---

① Robb Mandelbaum，"What the Proposed Crowedfunding Rules Could Cost Bussinesses," New York Times，http：//boss. blogs. nytimes. com/2013/11/14/what – the – proposed – crowedfunding – rules – could – cost – bussinesses/？ _ r = 0（2013 年 11 月 18 日登录）.

守规则将会花费 6500 美元/订单和 4000 美元/份年报[①]。再加上中介平台佣金和额外的财务报告成本，显然很少有公司会在较低的资金层次上进入这个市场。

当然有很多意外，但基本上这个通道将可能使天使资本投资相比于为主线业务开辟新的资金更有效率。财务报表和持续披露规则意图确保未来的和投资股东有机会对公司寻求可靠的财务信息，但相较于 100 万美元的年度基金募集上限相对昂贵。

但现实的情况是，初创公司通常把每一美元都用在了研究和开发上，而不是昂贵的会计报告上，这些报告也将只会确认他们在赔钱。这个规则需要大大地松开。

拥挤的电梯

对于任何新想法、前沿或市场，都将会有冲突和灾难。记住所有这些在占领西方途中去世的美国先驱，例如阿波罗一世。高频交易也属于市场的先驱吗？所有这些在早期改变世界道路上的人都遭受了很多严重后果，有一些是致命的。

一个早期的对所有形式众筹的阻碍，可能是被这些通道留在后面的，去诋毁它的群体。为什么？众筹代表了一种权利的转移。原本属于一个本地融资咨询公司、一个财务公司或恒大理财公司业务代表的利益和地盘，现在要拱手相让。

然而众筹并非一个零和游戏，很多相关方肯定会因为众筹的出现而产生损失，包括商业银行，肯定会损失市场份额。

---

① Robb Mandelbaum, "What the Proposed Crowedfunding Rules Could Cost Bussinesses," New York Times, http://boss. blogs. nytimes. com/2013/11/14/what－the－proposed－crowedfunding－rules－could －cost －bussinesses/? ＿ r = 0（2013 年 11 月 18 日登录）.

众筹是否会全面替代慈善事业呢？绝对不可能。根据慈善编年史①，2013 年，美国每笔金额在 100 万美元以下的慈善捐助总额达 96 亿美元。但是小一些的慈善机构可能需要寻找新的捐款人，依据不同的捐款人对象，这可能是福也可能是祸。

随着越来越多的非营利性组织，社会企业家、艺术家和其他人进入云端去寻找众筹，吸引投资人注意力将会变得更加具有挑战性。这样的筹资方式肯定还会出现很多欺诈、虚假陈述和剥削。但不可否认，筹集资金的本质已经永久地变成唤醒他人的善良。

点对点借贷将成为一个让这种变革持续发展下去的领域。尽管已经有人预测这个市场会出现泡沫②，但已经看到市场参与者数量在下降，并且他们转而参与了商业贷款。谁会相信我们可以使用自己的退休储蓄为邻居的信用卡债务再融资或为他们的业务提供营运资本？

这个市场将继续增长，越来越多的众筹参与者将会找到这一类别，因为最终他们想要回他们的钱，相对于银行本票，他们对股权持有更谨慎的态度。

对众筹股权来说，是否会有人把这个市场改造成一个彻头彻尾的股票交易所？众筹市场将会对较小的、定位利基市场的企业开放，这些公司实际上是在为自己的创新思想进行 β 测试。概念的可行性和管理这个市场的规则的有效性都将得到测试，并且最重要的是需要继续观察是否会有足够的投资者在这个市场上购买证券来做大市场。

如果没有足够的美元数量去吸引更强大的、财务更契合的投资前景，这个市场将会从更大的市场中淡出人们的视线。

在他们进入这个市场后，观察这些股票发生了什么将同样重要。

---

① Maria Di Mento，"2013's Biggest Gifts Signal Rebound，" Philanthorpy. com，http：//phil-anthorpy. com/article/2013－s－Biggest－Gifts－Signal/143743/（2014 年 1 月 2 日登录）.

② Doug Dachille，"How to Rate the Risks of Peer－Peer Lending, the Newest Bubbles，" PBS NewsHour，January 1，2014，www. pbs. org/newshour/businessdesk/2014/01/how－to－rate－the－risks－of－peer－to－peer－lending－the－newest－bubbles. html.

是否会有一个真正的交易所，供投资者在需要的时候将股票转手卖给下家？还是无法转手被最终套牢？

如果 3～5 年之后这个市场的发展取得一定的成功，那么要警惕大型投资银行通过大量购买进入这个市场的情况。

本章注释

1. "How to Prepare a Successful Crowdfunding Pitch," *Entrepreneur*, May 7, 2013, www.entrepreneur.com/article/226576#.
2. "2013CF Crowdfunding Market Outlook Report," www.crowdsourcing.org/editorial/2013cf-crowdfunding-outlook-report/26448 (accessed November 4, 2013).
3. "Community Banking Facts," Independent Community Bankers of America, www.icba.org/files/ICBASites/PDFs/cbfacts.pdf (accessed November 4, 2013).
4. Dan Marom, "A Framework for Political Crowdfunding: Lessons from President Obama," The Crowdfunding Revolution, www.danmarom.com/post/35627344098/a-framework-for-political-crowdfunding-lessons-from (accessed November 4, 2013).
5. Nora Caplan-Bricker, "Crowdfunding Culture: Namaste, and Welcome to the Smithsonian," *NewRepublic.com*, July 4, 2013, www.newrepublic.com/article/113722/crowdfunding-culture-namaste-and-welcome-smithsonian#.
6. "Exosphere Launches Crowdfunding Campaign for Open Hardware Space Shuttle," PR.com, July 7, 2013, www.pr.com/press-release/501598.
7. "Orlando Realtor Launches Down Payment Crowdfunding SiteHomefunded.com," DigitalJournal.com, July 4, 2013, www.digitaljournal.com/pr/1342261.
8. "Crowdfunding for Individual Medical Costs Becoming More Common," NonProfitQuarterly.org, July 1, 2013, www.nonprofitquarterly.org/policysocial-context/22561-crowdfunding-for-individual-medical-costs-becoming-more-common.html.
9. www.kickstarter.com/help/stats (accessed 01/22/14).
10. Amy Gahran, "Donating to Charity by Text Message: Lessons from Haiti," CNN.com, January 14, 2012, www.cnn.com/2012/01/12/tech/mobile/charity-donations-text-messages/.
11. mGive.com, https://mgive.com/resources/faq.aspx (accessed November 18, 2013).
12. MobileCause.com, www.mobilecause.com/mobile-giving-stats/ (accessed November 18, 2013).
13. "How to Prepare A Successful Crowdfunding Pitch," *Entrepreneur*, May 7, 2013, www.entrepreneur.com/article/226576#.
14. Ibid.
15. LendingClub.com, https://www.lendingclub.com/public/about-us.action (accessed January 22, 2014).

16. Prosper.com, www.prosper.com/about/ (accessed January 22, 2014).

17. Zopa.com, www.zopa.com/about-zopa/about-zopa-home (accessed January 22, 2014).

18. LendingClub.com, https://www.lendingclub.com/public/steady-returns.action (accessed November 9, 2013).

19. Ibid.

20. LendingClub.com, https://www.lendingclub.com/info/statistics.action (accessed November 10, 2013).

21. LendingClub.com, https://www.lendingclub.com/info/statistics-performance. action (accessed November 10, 2013).

22. Ibid.

23. LendingClub.com, https://www.lendingclub.com/info/demand-and-credit-profile. action (accessed November 10, 2013).

24. Investopedia.com, www.investopedia.com/terms/a/accreditedinvestor.asp (accessed November 11, 2013).

25. Securities and Exchange Commission, www.sec.gov/rules/proposed/2013/33-9470.pdf (accessed November 18, 2013).

26. Puffer Law and Legal Definition, USLegal.com, http://definitions.uslegal.com/p/puffer/ (accessed December 22, 2013).

27. Forbes.com,www.forbes.com/sites/mikalbelicove/2013/08/13/ohio-investigating-crowdfunding-platform-somolend/ (accessed November 11, 2013).

28. Ohio Division of Securities, https://www.comapps.ohio.gov/secu/secu_apps/FinalOrders/Files/2013/13-022%20SoMoLend,%20Candace%20Klein%20NOH.pdf (accessed November 11, 2013).

29. Securities & Exchange Commission, www.sec.gov/comments/jobs-title-iii/jobs titleiii-199.pdf (accessed November 11, 2013).

30. Forbes.com (accessed November 11, 2013).

31. Robb Mandelbaum, "What the Proposed Crowdfunding Rules Could Cost Businesses," *New York Times*, http://boss.blogs.nytimes.com/2013/11/14/what-the-proposed-crowdfunding-rules-could-cost-businesses/?_r=0 (accessed November 18, 2013).

32. Ibid.

33. Maria Di Mento, "2013's Biggest Gifts Signal Rebound," Philanthorpy.com, http://philanthropy.com/article/2013-s-Biggest-Gifts-Signal/143743/ (accessed January 2, 2014).

34. Doug Dachille, "How to Rate the Risks of Peer-to-Peer Lending, the Newest Bubble," *PBS NewsHour*, January 1, 2014, www.pbs.org/newshour/business desk/2014/01/how-to-rate-the-risks-of-peer-to-peer-lending-the-newest-bubble. html.

第9章 其他创新型融资方式的兴起

此前章节提到的商业融资创新模式都是投资者通过利用自有技术提高融资效率或扩大投资者范围，以更简捷的方式将资本和资本使用者联系在一起。实际上融资方式的创新不一定要依赖技术，创新的策略和方法也能够驱使资本流向目标。

对于融资方案来说，过去几年一些好的主意浮出水面，提供了不同的，非传统的方式把投资者和融资的企业连接在一起。一些运用了足够多的技术，而跟另外一些平台的区别在于，技术本身仅作为载体，而不是创新本身。

本章所提到的公司的核心特征在于：他们都对规则和市场运作提出了创新的思路；发掘过他人弱点，拒绝过业务机会；他们利用过税法；并曾以不同的方式去运用技术。与纯技术创新者类似，本章阐述的创新公司扭曲打破了一些传统规则或交易信条以推广其理念。但这些企业的共同点，在于他们的创新主要在于金融模式，而不是技术。

数字时代的保理业务

保理业务是一种最古老的融资工具，促进了在美索布达米亚文化下的国际贸易，同时在《汉谟拉比法典》中被提到。它跟债务和股权这两种基本的融资方式不同，融资企业将第三方付款义务余额以事前商定的折价向投资者（即保理商）出售，从而获得融资。折

184

扣的多少决定了卖方的融资成本，但是折扣水平和债务回收决定了保理商的经济回报。

在一个传统的保理业务交易中，一个公司以开发票或信用的方式出售产品给另一个公司并在其资产负债表上计作应收账款。在债券市场，贷款人将会以公司所有的应收账款为基础进行贷款贴现，通常称为资产抵押借贷（ABL）。这些贷款人要求所有第三方客户付款到他们控制的地方，一个"锁箱"，这样他们就可以掌握借款人的现金收据，确保借款人在其先进流入中首先支付贷款人。

借款公司承担向 ABL 贷款人的偿还责任，即便用于抵押 ABL 的标的发票未偿付。

在创新的保理业务中，投资者买入应收账款。在这些交易中，第三方客户义务所有权从卖方向买方的转让，若第三方没有履行义务，买方将会承担经济损失，而不是卖方。

现实中，信用卡是保理业务的一种形式，持卡人使用信用卡购买商品或服务，发行人承担持卡人的信用风险。发卡机构向商户提供垫款在消费时结清债务。

显然，跟 ABL 贷款相比，保理商提供了更多的风险。因为保理商只能依靠债务人履约来获得支付，而 ABL 贷款人可以追偿债务人和借款企业两者。因此，保理融资通常比 ABL 贷款更贵。

但是，在当今时代，保理业务通常与 ABL 贷款十分相似。保理商通常增加一些与贷款类似的条款，即使交易的实质是具有法律意义的债务转移。这些条款中的某些语言通常用在信贷业务领域。

与 MCA 业务类似，保理业务是一种不受监管的融资模式。保理业务最本质的，是一个债务所有权的转移，比在 MCA 交易的未来现金流入更易辨别。但许多保理商在协议中平添了很多条款使得保理和贷款之间的界限模糊，以降低投资风险。

例如，一些保理商在协议中要求卖家同意将 2 ~ 3 年内所有的应收账款排他性地出售，或至少出售保理商可接受的部分，并同意借款企业的发票销售最低额。如果卖方公司希望从其他买家或贷款人处获得新的融资，则在协议项下须向原保理商支付一定的罚金。

许多保理商在购买发票的时候保留追索权，这意味着如果保理商无法收回债务，卖方企业将承担所有的支付义务。以这种方式购买发票的业务已经不能再称作保理，因为一旦卖方/借款人对卖出的发票进行担保，该笔业务将变成贷款。

保理和 ABL 业务有一个共通的限制，就是仅针对小企业这个市场板块提供融资。以自身流动资产为抵押获取这两种融资的行业，基本上用两只手就能算清楚。

生产和制造，印刷和出版，批发分销，运输，人员配备，石油和天然气，以及有限的商业服务行业，这个短名单阐述了美国超过通过保理融资的企业。此外，还有少数保理商为医疗或政府合同应收账款提供融资，但所有保理商始终将自己的业务对象限制在少数有资质的行业或企业中。

老业务上玩出新花招

通过研究其业务计划，一家创新型企业发现所有年收入在 2500 万美元以下的 B2B 企业的总销售量约 8 万亿美元每年。而在任何给定时间，平均应收账款总额达 1.2 万亿美元。在这个总额当中，保理/ ABL 金融部门的全部资源只提供了约 5% 的资金。

显然，保理/ ABL 部门服务的小范围企业给其他投资者留下了很多待开拓的业务机会。一个名叫 NOWAccount. com （NOW） 的新公司，已接受了这个挑战，试图征服其余 95% 的被传统商业银行、财务公司和保理商遗弃的商机。通过创新的方法叙做传统的业务，NOW 完全具备成功的潜质。

NOW 的运作模式类似于一家商业服务机构，专门服务 B2B 和

B2G 的小企业。NOW 以固定的折扣及时购买商业发票，五天之内结算资金，类似于消费信用卡模型。

NOW 在网上运营，接受客户自助注册，通过更快、更有效率的尽职调查程序使其得到批准。相较于历史财务记录，该公司更侧重于未来的商业可行性和稳定性——它看重的是借款企业是否会以正规的方式直面并处理客户纠纷。

借款企业指定将哪些客户的发票卖给 NOW，NOW 审查这些客户并在 48 小时内对每家客户给出信用评分。一旦 NOW 批准这些客户，借款企业要么全额出售这些发票，要么不出售，若出售则有权选择出售哪些客户的发票。

NOW 在无追索权的基础上购买发票，在发票提交的五天之内通过 ACH 支付现金偿还购买。他们保留 10% 的准备金—减去融资费用后的数值—在原始发票的到期日之后 30 天应付，这意味着如果发票的"净到期"日期是 30 天，准备金将在 60 天后退还。

NOW 为购货发票收取水平费率，净余额为 30 天的发票为 2.5%，60 天的为 2.75%，90 天的为 3%。如果发票如期兑付，NOW 投资三种期限的发票年化收益率分别约为 30%、33% 或 36%。客户方面，将发票转卖给 NOW 的融资成本，和接受信用卡消费方式并从信用卡运营商处获得垫款成本相似。

而且，NOW 还会从国际销售商处购买发票，在相同价格上含有 1% 的附加费。

银行/传统的另类融资部门只为企业应收账款提供了约 5% 的资金。在任何特定时间，应付账款在所有银行企业贷款总和当中则占据更多的比重。NOW 针对其他 95% 的 B2B/ B2G 企业开展业务。他们通过技术打造高效运营并面临较轻监管。

NOW 可对新成立企业提供服务，因为它没有最低收入要求，其服务的公司年收入少于 5 万美元至年收入超过 4000 万美元。这些服务是无追索的，他们的价格是透明的，没有垃圾费或 ISO 费用。

eBay 应收账款

在线拍卖企业 eBay. com 成立于 1995 年，电脑程序员皮埃尔·奥米迪亚作为业余爱好为收藏物品提供一个虚拟拍卖市场。到 2006 年，eBay 网站促成的销售量与沃尔玛通过收款机扫描销售量持平。需要认识到，eBay 不进行销售，而只是一个市场。

他们就像一个拍卖行，提供一个有利于买家和卖家到一起做生意的地方，每一笔交易的一小部分作为业务各方在此交易的费用支付给 eBay。

eBay 商业模式的本质是让销售用户以拍卖的形式提供出售商品，买方用户在有限的时间内进行有竞争力地竞标。在有限的时间内价高者得。

eBay 的模式与企业融资有什么关系？TRE 的创始人意识到，创建一个未付发票的开放市场可以为成千上万的小企业改善资金流通。他们的创新在于将其他人的创新理念，应用到不同的市场上。

随着投资者"买家"对单独应收账款发票竞标，企业的资本成本可能会下降，或至少对于高风险客户的定价会从结构上相对降低。同样，销售公司将他们的应收账款发行到更广阔的市场上，将为更多的投资者创造一个参加利润丰厚的风险广泛分散至许多公司的市场的通道。

于是在 2006 年，TRE 建立了买卖应收账款的新平台。保理业务就是合格买卖双方通过建立一个交换证券的开放市场①而出现的。TRE 不是任何一笔交易的投资者，而是像 eBay 一样，创造了一个各方可以交易的市场。

---

① 债务工具的定义是受 1939 年 Trust Indenture Act 监管的有价证券。受监管的美国银行贷款不属于此范畴。

TRE 的数字交易平台监督买卖双方，确保合规的市场、透明的交易和被监控的资本交易所。该公司增加了对销售商的尽职调查，以防止欺诈和确保参与者有合法客户和发票，可以为已经交付的货物或服务出售。此外，它们对进入市场的买家进行管理，只允许合格投资者、对冲基金和银行等机构进入。

这个市场很高效，可以使资本更快、更便宜，能促使资本在相对于保理和 ABL 的有限市场范围更广泛的工业部门流通。而另一 TRE 的重要特征，它们的市场没有很多惯常的垃圾费用和传统保理业务收取的额外费用。很多保理商则征收这些费用，使小企业的融资成本冲破屋顶。

老派的保理/ ABL 贷款人宣传的融资利率为基本利率＋2% 到 3% 的利息成本，然后增加许多其他费用，是合理的手工账户服务成本。此外，也有不少对不确定情况和事件收取的额外费用，这些费用可称作应用费，通常在协议当中隐晦地进行规定。

与传统保理/ABL 的 36% 至 50% 的年化利率形成对比，TRE 声称在市场中为销售商提供的融资成本为其销售额的 20%，对小企业所有者来说节约了很多成本。

营运资本管理中的融资策略

也有很多更简单的技术方式去提高资金管理。虽然会计软件为企业管理和生成报表带来方便，但毫无疑问未来还有更多的提高空间。

多年来，许多软件供应商和网络技术公司已经为账单、应收账款、库存和应付账款的管理提供了更好的、更高效的解决方案。这些努力提升了办公效率，并为企业运送发票、跟踪库存、降低发货错误方面提供了方便，使企业更好地管理自己的资金出纳。

但有一家公司，Taulia 将这些努力更进了一步，通过提供一个可运用于买卖双方的整合的运营资金管理系统。该公司通过将单据管理自动化和提供透明的发票折扣表来降低企业对昂贵的运营资本融资的依赖。这个透明的发票折扣表被 Taulia 称作"动态折扣"。

Taulia 的价值主张是帮助小型供应链公司更好地管理现金流，根据他们实时的现金周期减轻折扣优惠和降低融资价格，使他们的浮动现金价值最大化并且高效地管理应收账款。也许，最好的部分就是这些小公司不用为服务付费，他们的更大的买家公司需要付费。

Taulia 进入市场的时机是完美的。据 Taulia 副总裁乔·海兰对彭博商业周刊①讲述："早在 20 世纪 70 年代到 80 年代，世界上许多大公司开始延长付款时间"，从专用于供应商的现金上赚取利息。"今天，这些公司正在越来越晚支付给供应商，只是现在他们从那些钱上获得的回报很不起眼。"

Taulia 的平台管理系统清晰地记录了买家和卖家间沟通信息。供应商提供的购买折扣为投资者的闲散资金提供良好的投资渠道。提前的支付，即便是打过折扣，对供应商而言也会降低融资成本。

从买方的角度考虑命题。如果供应商提供一个"2/10，30 net"的折扣（在 10 天内偿还则获得 2% 的折扣，否则超过 10 天则在 30 天内偿还净额），买家可以为有形的经济利益提供 2% 的折扣。这个经济利益有多少？如果全额款项在 30 天内到期，同时买方提前 20 天支付，这个 2% 的折扣将有效地为该笔发票贴现业务赚取 36% 的年化回报。

即使在 80 年代初的高利率环境下，这种策略也会非常有意义，如果它能有效地被管理。从 Taulia 提供了平台至今已签署超过 100

① Patrick Clark，"An Alternative to Expensive Alternative Financing," *Bloomberg Businessweek*，2013 年 5 月 29 日，www. businessweek. com/printer/articles/120286 – an – alternative – to – expensive – alternative – financing.

家采购公司，并促成了超过 300 亿美元付款额①。这些大公司为使用平台缴纳年费并招募它们的供应商使用它。

对供应商来说有什么好处呢？他们只受到相反的影响，损失 2% 的收入，这相当于年化 36% 的资本成本。这个价格无疑是他们将支付 ABL 或保理商的中间价格。但这里的区别是 Taulia 的平台。

通过营运资本管理工具，该公司自动调和折扣优惠和实时现金流需求。其现金余额，应收及应付账款的组合共同决定发行的发票条款。与昂贵的另类融资不同，这种管理模式不要求每个发票都打折。而通过逐渐降低折扣，供应商的运营资本会愈加充足。

投资退休基金

一个世纪的变化十分巨大。回想 1914 年，只要工人能够进行体力劳动就会得到雇用。他们退休通常是迫于年老或残疾，并且一般只有孩子，或者一栋房子作为他们退休的保障。很少有人有储蓄或退休收入，大多数依靠能够劳动的子女或亲戚进行养老。

1935 年，社会保障法开始对工资征税以对老龄美国人口提供保障，防止该部分人群在退休之后陷入贫苦。工人定期向信托基金缴纳养老金，为退休后获得既定养老收益做准备，维持最基本的生活，增加养老资源。

该方案已经发展，并自几个方面扩大，如为美国公民制定的法规及其他扶贫措施，这些已经为公民建立了一个基本安全网。

私人养老金计划在美国发展得非常缓慢。基督教长老会在 1717 年创建了虔诚基金，去帮助退休的牧师。虽然文献相当稀少，在那

①　Patrick Clark，"An Alternative to Expensive Alternative Financing，" *Bloomberg Business-week*，2013 年 5 月 29 日，www. businessweek. com/printer/articles/120286 – an – alternative – to – expensive – alternative – financing.

之后，美国快递公司创造了美国第一个养老金计划。1877 年的大罢工暴露了巴尔的摩和俄亥俄铁路虐待工人丑闻，引发了很多劳工权益保障改革。该公司于 1884 年成立了第一个由雇主①牵头的养老金计划。该计划在未来几年时间内被大多数铁路公司参考使用。

第二次世界大战结束后，国民经济从战时生产转向消费主导，并为 1200 万名回国服务的退伍军人创造就业，美国劳动力市场呈现出竞争异常激烈的状态。在经济升温的背景下，由于国家战争劳动委员会实施缓缴工资控制，雇主在寻找雇工方面遇到困难。

其结果是，在这些年间，聪明的雇主开始提供医疗保险和养老金以吸引和留住工人，并且持续到未来的 60 年。但养老金很昂贵，代表了一个开放式的承诺，对许多企业来说成为了负担。

在 1978 年的税收法案，联邦政府采纳了 401（k）条款，对递延收益减免税收。但在 1980 年，一个名为 Ted Benna② 的利益顾问意识到，这样的规定会产生一个简单的退休储蓄税务优惠工具，401（K）计划诞生了。

401（k）账户

剩下的就是历史了——401（k）计划对就业储户而言成为了标准的退休计划策略，也是对负担不起全面的养老金计划的小型雇主的福利。传统企业开始对新员工取消养老金，取而代之的是开始缴纳 401（k）计划。

区别？养老金提供界定的福利，意味着退休人员在符合计划的要求后将得到固定的养老福利。在 401（k）计划下，投资管理和基本的储蓄缴纳水平由员工来决定。如果他们做出了错误的投资选择

---

① Elizabeth Fee, *The Baltimore Book* (Temple University Press, 1993), 14.

② Alyssa Fetini, "A Brief History of the 401（k），" Time, 2008 年 10 月 16 日，http：//content. time. com/time/magazine/article/0，9171，1851124，00. html.

或没有设置有效资源，他们将自己面临后果，而不是公司。

通过 401（k）计划和 20 世纪 80 年代风靡的个人退休账户（IRAS）中投资者缴纳的资金，基本上投向普通的共同基金。随着各种投资银行和保险公司经营这些计划，参与者面临大量的投资选择来满足员工不同的风险偏好。

值得一提的是，法律没有限制递延收益投资于共同基金或其他投资。这些年来，许多富有创造性的财务顾问开始指导他们的客户如何在 IRS 完全认可的情况下将退休储蓄投资到各种不同的资产中。所以，除了股票或债券之类的主流投资，很多人开始购买房地产（住宅和商业）和其他更多的投机性投资，像贵金属及未上市公司的股票。

当然，也有许多规则禁止一些投资或使用递延税退休账户，即在最终用途及纳税环节完成之前不得将资金用于纳税人获益。它们必须由第三方管理人或托管人管理，来保持基金的独立监管性，以确保符合 IRS 的规定。

没过多久，在 20 世纪 90 年代末就产生了另一个有关如何投资退休基金的想法产生了，即所谓的 Rollover as Business Start – Up 的策略（ROBS）。这是一个有趣的首字母缩写，应该起到对考虑使用它的个人的警示作用。

正如福布斯所解释①，ROBS 计划的运作方式如下：退休账户所有者创建一个"C"公司，该公司立即建立标准的 401（k）计划。该计划允许参与员工把其现有的 401（k）或 IRA 账户的资金进入新的计划。新公司随后发行股票，并建立一个合格的利润分享计划，允许员工将他们 401（k）计划中的资产交换为该公司股票。

---

① Richard C. Morais, "The IRA Jobs Machine," *Forbes. com*, 2009 年 4 月 8 日，www. forbes. com/2009/04/08/ira – robs – startup – personal – finance – retirement – job – machine. html.

这样一来，该账户拥有者正好成功使用递延税退休储蓄资金注资新设立的企业。

这一战略创立之后导致许多创业经纪人把招募税务顾问作为他们扩张业务的一部分，尤其在经济下行时期创业人数缩减的背景下。围绕这些关系存在较多争论，有人指责其背后存在不正当的推介费用和远超过正常范围的税务律师或注册会计师费用。

虽然有数以百计的税务顾问开始协助个人构建这些安排，但有两家是最突出且全国闻名的 ROBS 交易顾问和第三方托管机构，即BeneTrends 和 GuidantFinancial。

ROBS 交易并不一定在创业的背景下展开，对于已经存续的企业来说，ROBS 也可用于再融资和扩大业务规模。ROBS 也可以与其他第三方融资一起使用，如 SBA 担保贷款，商户现金透支，或设备租赁。

ROBS 交易有积极和消极的方面。他们为潜在的创业者提供了把自己的退休金进行可观投资的机会，以赚取额外收益。只用自筹资金创立的企业可以使用 ROBS 来避开第三方融资，从而降低融资成本，或将其他资产作为抵押。

但是，使用 ROBS 使个人的退休储蓄——有时候是全部——通过风投在目标企业最脆弱的阶段暴露在风险之下。据了解在创业圈，使用 ROBS 进行创业的企业大多数都以失败告终，往往导致个人破产。

在许多联邦税法规定下，ROBS 非常复杂，因此需要合格的顾问通过审阅 ROBS 的方方面面并给出使用建议。2009 年，IRS 进行了一项研究[①]，目标是调查各类服务供应商使用 ROBS 的情况及是否符

---

① Internal Revenue Service, "Employee Plans Compliant Unit（EPCU）– Completed Projects – Project with Summary Reports – Rollovers as Business Start – ups（ROBS），" www. irs. gov/Retirement – Plans/Employee – Plans – Compliance – Unit% 28EPCU% 29 – – – Completed – Projects – – Project with – Summary – Report% E2% 20% 93 – Rollovers – as – Business – Start – Ups – % 28ROBS% 29（2013 年 12 月 15 日登录）.

合递延税的相关规定。

IRS 规则要求将新公司的 401（k）计划开放给所有公司员工，并且他们要被告知。"C"公司的股份在出售给该 401（k）计划的时候必须进行专业估值。会有哪些出错的风险？如果个人没有正确地设置或管理他们的 ROBS 程序，它们可能会为所使用的递延基金缴税。

无需店面、无需营业时间、无需银行、没有问题——虚拟商户的虚拟贷款人

"我们是否为软件融资？"这个问题在过去会被认为是荒谬的而遭到白眼，因为询问的对象会飞快地思索什么是软件。那些日子持续了 10 年（"我们当然不会为软件融资"）就彻底消失了，现在办公室的每个人都对电脑的每个组成部分有清晰认识。

但这在那些过去的日子（20 世纪 80 年代）是无法想象的——在仅仅 10 年后的未来——互联网将会在世界各地发展并且连接电脑，以及其他创新，去促进商务发展。除了这个异乎寻常的概念，有商家只在网上经营并且产生了有效的商业可行性和信心，以及存在一个虚拟市场供这些商家获得融资。

在 10 年内，eBay 成为了每天有约 1 亿美元①商品销售的平台，数量相当于全球领先零售商沃尔玛的销量。超过 6000 万创业者在这个平台上设立网店并在全球市场上买卖从未亲眼看见过的商品。

eBay 大概是当今世界上创建的最高效的一个市场。在这个市场中，一个商家可以在网络上从世界各地的供应商处得到货物。这个由各种工匠、艺术家、艺人、种植者和创造者组成的庞大的个体手

---

① Chris Anderson, *The Long Tail：Why the Future of Business Is Selling Less of More*（New York：Hyperion, 2008）, 201.

工业体系，为地球村的各个角落提供着数以百万计的商品。

在承诺从自己的渠道购买之前，eBay 的商家就可以出售这些物品给他们的追随者或是新的客户。从本质上讲，商家就是出售各种货物的经纪商，连接制造商/卖家和最终买家/用户，不必拥有货物。

通过减少购买和储存货物的环节（以及一半运输成本），商家提高效率，这意味着能够提供更具有竞争力的价格，同时商家仍可以获得丰厚利润。

当然该业务也有许多多样性。网上商家的供货对象，通常不是单个下单，而是订购一个完整集装箱货物的中间商。一些网上商家会用更精美的包装或其他增强功能来使货物增值。商业模式有很多种，但是伴随着业务发展不断成功，所有企业都会面临一个共同挑战：面对更多市场机遇，如何通过第三方融资为业务扩张提供资金。

这是在开玩笑吗？

想象一个顾客走进银行，面对面地坐在贷款工作人员对面，然后阐述他的业务如下：

我的店在云端，我与亚洲和非洲供应商从未谋面，我的客户遍布所有 50 个州，同样也遍布欧洲和加拿大的城市。我没有库存，没有应收账款，当然也没有办公楼或者租赁资产。我想要一个 1 万美元的信用额度。

好笑吗？这是大多数银行家对这个请求的反应吗？可以罗列一下拒绝这个请求的理由，没有足够的贷款规模和没有足够的抵押品，业务模型太过扭曲（可以理解为对业务缺乏理解）。但接下来的几句话，为争取信用额度提供了更多信息：

我去年的销售是 75 万美元，毛利润平均达到 60% 的销售收入，净利润超过 20 万美元。我所有的销售都是可以证明的，因为他们都是从信用卡或是 PayPal 中付款，并被 UPS 运送。

　　虽然这些信息会使小企业贷款人加分，但一位传统的银行家还是很难去提供融资来促成这笔业务。哪家银行曾向 PayPal 提供过授信？一家银行如何能够有效地监控销售、评估借款人的基础信息，甚至随时以垫款的方式来为一家全天候的公司提供融资呢？

　　Kabbage'com 是 2011 年建立的一个线上贷款人，旨在满足网上商户每天 24 小时的信贷需求。贷款申请只能在线完成，从 500 美元到 50000 美元的信贷决策是迅速完成的。如果商家有一个 PayPal 账户，资金将立即到账。

　　他们怎么能在没有更多的信息和分析的情况下就发放信贷？谁说他们没有足够的被分析过的信息？Kabbage 的潜在客户都是网上商户，而网络上拥有大量的数据。在借款人提交申请之前，其背景信息已被独立第三方认证，并可通过数字平台快速量化及质化。

　　未进入该商业渠道中，商家需要与多家网上市场之一连接，如 eBay，亚马逊，雅虎，Etsy，或 Shopify。商家还需要拥有 PayPal 账号或其他网上商户支付运营商来进行支付转账，如 Authorize. net，Square，或 Stripes. com，当然还需要 UPS 或联邦快递来发货。

　　从政府、私营公司和社交媒体网站上也能获得其他数据，应用于 Kabbage 的决策模型。虽然该公司并不透露其自行开发的运算公式，但其中一部分在媒体采访时被透露，能够提供一些见解。

　　根据美国银行家，Kabbage 使用社交媒体分析方法去部分量化借款人的还款倾向。董事长兼联合创始人马克·高林说：“背后的基本逻辑是，那些主动通过社交平台推介自身或吸引客户注意的商户，比拥有相似信用评分和产品线但缺乏社交经验的商人在风险方面是更好的选择。”[1]

---

　　① Glen Fest, "Kabbage's Fresh Idea for Small Business Finance," *American Banker*, 2013 年 6 月 1 日, www. americanbanker. com/magazine/123 _ 6/kabbage – fresh – idea – for – small – business – finance – 1059175 – 1. html? zkPrintable = true.

银行依靠企业的财务报表去评估业务经营业绩，其中有许多是由企业内部制作。Kabbage 能够在网上访问数字记录，确定订单数量（收入）、支付处理和运货证明。同时需要分析申请人的整体经营周期来实时核实其信用程度。

认识到这一过程的完成是没有通过贷款工作人员，分析师，承销商，或信贷委员会。这里没有主观判断，例外政策，"强迫"交易，或委员会议中的甜甜圈。他们的创新是将其他出资人认为平凡的数据，加上支付信息，更快更准确地得到申请人的信贷能力和还款能力。他们认为得到的结论也更准确。

网上商家可以自由使用资金，用于任何他们觉得合适的商业目的，比如利用为较大存货采购提供的折扣，营销，雇用更多的员工，或其他业务提升。

Kabbage 目前只提供一个还款期限：六个月。他们的定价是基于他们的专有模型信用风险得分，这会对借款人产生额外费用，以预付款的百分比来计量，用于预付的原始预付款的 1/6 支付。第一和第二个月的还款期限，商家的账户中扣除预付款的 1/6 加上 2% 到 10% 的价格。第三至第六个月收取较少费用，共计预付款的 1/6 加上 1% 的预付款总和。Kabbage 的主席马克·戈林，说：

我们了解到，如果有人把 Facebook 和 Twitter 的数据加入了他们的 Kabbage 账户中，他们减少 20% 的可能性拖欠债务。[1]

Kabbage 声称平均成本大约是 12%，但公司没有把这个当作 APR 宣布，所以不知道如何得出这个数字的。不用说，操作便利，抓住缝隙市场，和乐于自主网上商户的意愿会使这家公司在营销客户方面占据较大优势。

---

[1] Glen Fest, "Kabbage's Fresh Idea for Small Business Finance," *American Banker*, 2013 年 6 月 1 日，www. americanbanker. com/magazine/123_ 6/kabbage – fresh – idea – for – small – business – finance – 1059175 – 1. html? zkPrintable = true.

并且银行不应该过早认为 Kabbage 不是竞争对手。2013 年初，他们开始贷款给拥有实体公司。[①] 使用在 Intuit QuickBooks 导出的财务数据，Kabbage 会对这些企业承保贷款，即时分析公司的销售、工资和供应商结果。

随着超过 400 万 QuickBooks 的用户，该平台提供了巨大的潜在市场。该公司的信徒声称用户的信用程度可靠，因为它们下载大量的银行数据并使用各种金融管理模块。

同样，Kabbage 也引起了一定的竞争。PayPal，虚拟非银行存款持有人/支付服务商，在 2013 年宣布，将进入小企业贷款竞技场，用与其他非银行企业贷款人不同的贷款产品：简单又便宜。[②]

PayPal 自 2002 年被 eBay 并购，随后便进入战斗，带着一些明显优于许多竞争对手的优势，尤其是 Kabbage。超过十年来为成千上万的网上企业管理存款和支付，PayPal 掌控着令其他贷款人羡慕的数据，这些数据描绘了企业现金流和成功的经营模式。

Kabbage 瞄准了很多在 eBay 平台上运营的网上公司。Kabbage 如何与 PayPal 竞争将是一件有趣的事情应当继续关注。但 PayPal 与其母公司的联系并因此具有的优势，是明白无误的。

PayPal 的产品，被称为"PayPal 运营资本"，在 2013 年 9 月被推出，该贷款只收取单一水平的费用，不征收任何其他费用。也就是说，没有利息和垃圾费用。商户最多可借其存入 PayPal 收入的 8%，高达 2 万美元。

贷款的出资方是位于盐湖城的 WebBank，因此这些贷款可以在 50

---

① Patrick Clark, "Kabbage Expands Its Cash Advances to Bricks – and – Mortars," *Bloomberg Businessweek*, 2013 年 5 月 14 日, www. businessweek. com/articles/2013 – 05 – 14/kabbage – expands – its – cash – advances – to – brick – and – mortars.

② Patrick Clark, "PayPal Breaks Into Small Business Lending," *Bloomberg Buisnessweek*, 2013 年 9 月 24 日, www. businessweek. com/printer/articles/154794 – paypal – breaks – into – small – business – lending.

个州发放，即便 PayPal 在某些州没有注册。在扣除贷款费用之后，PayPal 从借款人每日的收入当中扣除 10% 到 30%，直至贷款被偿还。

目前 PayPal 还没有使出全力。它的第一次突袭仅以 90000 名商户为目标，是其客户群体中较小的一部分。PayPal 还可以去营销其剩余的已有客户，以比竞争对手低很多的成本发放贷款。随着电子商务不断向全球扩展，将会有更多的贷款人进入这个利润丰厚的领域，进一步促进对小企业的贷款和其他金融服务。

使用多长时间还款都行

对于企业主来说，更糟糕的风险是什么：因为不够的收入，不能支付每月还款额，或债务利息过高？如果投资者愿意为企业提供灵活性，使用足够多需要的时间去偿还借款？真的，不匆忙，用五年时间？对。

但是，这是真的。以收入为基础的融资（RBF）是一种旧观念，RBF 的重新出现为银行融资（通常需要跟踪利润记录和抵押）和风险资本（需要临界规模）提供一种替代。投资者向电影制作和石油开采等投机类业务企业提供融资时长期偏爱 RBF 模式。

Lighter Capital，成立于 2011 年的暴富贷款人，已经成为这个利基贷款工具的领导者。该贷款产品要求还款人按照其收入某个百分比进行还款。因此，还款越快成本就越高。

RBF 融资对一类特定的公司最为合适，他们快速成长，利润率高（从 50% 开始及以上），没有太多资金投入到大量有形资产中，因此没有足够的抵押品获取更便宜的融资。Lighter Capital 目标公司为技术、软件和知识经济的行业。

此类贷款的申请在网上完成，这样就将人工咨询和面对面教育客户的时间和成本降到最低。该公司的网站提供了公司简介，服务

200

对象，可提供的贷款条件，甚至是合理的贷款价格。

该公司在贷款申请环节要求申请人提供借款人身份、业务、地址以及申请贷款的目的。借款人还需要提供 LinkedIn 档案以帮助贷款人了解其管理层信息，连同一些粗略的财务信息，包括收入、利润率和利润等。最后，申请人还需要提供其网络和社交媒体使用情况。

Lighter Capital 非常重视借款企业的业务增长速度，现有的债务杠杆，资金使用计划，以推动其信贷决策。根据其网站，Lighter Capital 接受从 5 万美元到 50 万美元的贷款申请，但一般限制在申请人预期年收入的 10% 至 30%。他们不像新创企业和达到盈亏平衡之前的企业，但会考虑年收入 12 万美元或预期年收入 20 万美元的小企业。

贷款的还款期限为 1 ~ 5 年，按照收入的 1% 到 10% 之间进行偿还。他们的投资目标内部回报率为 25%，并考虑了摊销融资的所需时间。

RBF 贷款人与银行做法不同，一般不要求任何抵押品、个人担保或财务契约。同样，他们也不像风险投资那样对借款人进行各种管理，股票参与，投资退出的限制。

根据彭博商业周刊[①]，大概有十几个贷款人提供基于收入的可用融资，这通常被额外使用在其他融资工具中。

本章注释

1. Debt instruments are legally defined as securities and regulated in the Trust Indenture Act of 1939. Supervised U.S. bank loans are exempted from this regulation.
2. Patrick Clark, "An Alternative to Expensive Alternative Financing," *Bloomberg Businessweek*, May 29, 2013, www.businessweek.com/printer/articles/120286-an-alternative-to-expensive-alternative-financing.
3. Ibid.

---

① Verne Kopytoff, "Revenue – Based Financing: The Better You Do, the Quicker You Pay," *Bloomberg Businessweek*, 2013 年 5 月 5 日，www. businessweek. com/printer/articles/95222 – revenue – based – financing – the – better – you – do – the – quicker – you – pay.

4. Elizabeth Fee, *The Baltimore Book* (Temple University Press, 1993), 14.
5. Alyssa Fetini, "A Brief History of the 401(k)," *Time*, October 16, 2008, http://content.time.com/time/magazine/article/0,9171,1851124,00.html.
6. Richard C. Morais, "The IRA Jobs Machine," *Forbes.com*, April 8, 2009, www.forbes.com/2009/04/08/ira-robs-startup-personal-finance-retirement-job-machine.html.
7. Internal Revenue Service, "Employee Plans Compliance Unit (EPCU)—Completed Projects—Project with Summary Reports—Rollovers as Business Start-Ups (ROBS)," www.irs.gov/Retirement-Plans/Employee-Plans-Compliance-Unit%28EPCU%29---Completed-Projects--Project-with-Summary-Report%E2%80%93-Rollovers-as-Business-Start-Ups-%28ROBS%29 (accessed December 15, 2013).
8. Chris Anderson, *The Long Tail: Why the Future of Business Is Selling Less of More* (New York: Hyperion, 2008), 201.
9. Glen Fest, "Kabbage's Fresh Idea for Small Business Finance," *American Banker*, June 1, 2013, www.americanbanker.com/magazine/123_6/kabbage-fresh-idea-for-small-business-finance-1059175-1.html?zkPrintable=true.
10. Ibid.
11. Patrick Clark, "Kabbage Expands Its Cash Advances to Bricks-and-Mortars," *Bloomberg Businessweek*, May 14, 2013, www.businessweek.com/articles/2013-05-14/kabbage-expands-its-cash-advances-to-brick-and-mortars.
12. Patrick Clark, "PayPal Breaks Into Small Business Lending," *Bloomberg Businessweek*, September 24, 2013, www.businessweek.com/printer/articles/154794-paypal-breaks-into-small-business-lending.
13. Verne Kopytoff, "Revenue-Based Financing: The Better You Do, the Quicker You Pay," *Bloomberg Businessweek*, February 5, 2013, www.businessweek.com/printer/articles/95222-revenue-based-financing-the-better-you-do-the-quicker-you-pay.

第 10 章　投融资指南

——查找、指导、协助借贷双方的在线资源

考虑到互联网为扩大业务提供了如此多的选择和方法，金融活动将不可避免地进入数字领域。无论协商交易是否真正在网上进行，在网上牵线搭桥和在线处理总是有意义的。事实上，网上金融创新的一个最早的成功案例就是房地产抵押贷款经纪人 LendingTree.com，它为用户提供了一个门户网站，以便利用户在家中就能获得抵押贷款。

网上经纪业务自然地从收集住宅抵押贷款申请和贷款人竞价排序开始。为什么呢？因为房地产抵押贷款是严格管制和标准化的。它们都具有相同的申请表格、披露要求和有限的选择范围。在这个同质化的市场，所有的房地产抵押贷款机构对申请人要求几乎同样的信息和文档。

但是商业贷款则更加多样化，商业融资可通过贷款以外的替代融资工具完成。基于贷款人的信用文化、交易规模、资金用途、经营地点等不同情况，企业融资的申请可能要求许多不同的信息。

但是设计一个模块、参数繁多的平台需要对借款人和放款人可能提供的信息进行货币化。网上商业贷款经纪人需要考虑借款人的经济活动及相应需要连接的贷款。因此，设计网上商业贷款经纪平台是一个比房地产抵押贷款经纪平台复杂得多的命题。

值得肯定的是，他们设计了一些令人印象深刻的网站，具备各种功能，以帮助企业业主和贷款人在满足不同级别的预审资格后进

行在线交易。

要认识到这些网站同时服务于借款人和贷款人。对于借款人，这是受教育和完善业务宣传的平台，也是一个更广泛的资本搜索引擎。对于贷款人，这是一个筛选过程，以根据他们选择的参数获取最匹配的结果。

这些资源是促进投资人和用户连接的工具。企业主已经确切显示出他们对于在网络空间进行互联的想法持更加开放的态度。但是，这样一个网上资源也表明了带着成交购物和内部解决方案的贷款人的接踵而来。

贷款经纪人

贷款经纪人和贷款本身谁先起源是一个鸡和蛋的问题。但似乎只要出现了资金借贷，就会有独立第三方将资源需求方与拥有资源的一方进行对接。这些第三方媒介的数量之多，几乎横跨所有金融部门，那他们的存在一定是必要的。

他们是做什么的？尽管提供许多不同级别的服务，且资质水平千差万别（有时存在惊人的资质缺乏），经纪人本质上是商业资本的通道。从一个专门解决问题的专家到一个代表急需资本企业的中介，这些机构可能从事任何事情。

一些企业主需要一个经纪人组织申请信息，以更好地被贷款人接受。这意味着经纪人要不抱偏见地看待申请，以最简洁明了的方式完成贷款申请。他们是交易的第一面镜子，需要站在客户的立场上努力修复任何弱点。

有时候这意味着对客户实话实说。当客户资质还无法帮助他们获得像样的融资方案，或需要改进业务以便以后获得融资时，经纪人需要坦诚相见，并给出改进的建议。

但也有些经纪人只是啦啦队，不论业务如何都悉数扔给贷款人，然后开始紧逼以获得这个交易。他们会说任何话，做任何事来赢得贷款审批。

在这两个极端之间有很大的空间，这也是大多数贷款经纪人的运营空间。一般来说，他们会整理一套贷款人需要的信息，再三核实后亲自提交给贷款人。然后经纪人安排借贷双方见面，并为促成交易不断向前推进起到牵线搭桥的作用。

经纪人的薪水可能由借款人支付，而在某些行业中是由贷款人支付的。许多经纪人尝试从两者都获得薪水，这不是什么秘密，对许多观察者来说，这显然会创造利益冲突。

这些经纪人为什么会存在？这个问题可以从许多方面来回答。一些企业主找经纪人是因为他们自己寻找资金受挫，转而求助于那些自称有关系和诀窍的人们。还有的是因为他们没有时间或不愿为融资事项去亲自协商谈判。

可以说金融吓倒了许多人，让他们愿意花费重金去找一个更有经验的人作为他们的短期代表。而很多时候这种安排会奏效。

另一个事实是，贷款人对待贷款经纪人的态度也各有不同。一些银行直接表明不与申请人之外的任何人做生意，而另一些则宣传任何推荐一笔成功交易的人都将获得推介费。

经纪人有做错吗？并没有。在这个领域有一些聪明、成熟的专业人士，他们熟悉广泛的金融解决方案。他们基于客户的短期、长期商业目标提供解决方案。他们有强烈的职业道德，并严格履行客户利益优先的信托义务。

然而另外一些经纪人则更像是招摇撞骗的骗子，为客户提供的融资方案并非出于客户业务发展利益角度，而是最大化中介的手续费。他们对贷款人也没有任何忠诚科研，有时通过造假信息以获得贷款审批通过。只要有贷款人给出更高的手续费，这些经纪人会连眼睛都不眨一下把客户推介给他。

　　每个企业都有流氓操作员，他们急于跨越边界，为了自己的利益不惜牺牲他人利益。他们使得自己企业名声扫地，还连累了其他责任和遵守职业道德的人。那么，该怎么办呢？

　　一个解决方案是给贷款经纪人赋予资质，这将会提供切合的自我监管。随着越来越多的同行压力和提高的消费意识，坏苹果在这个行业铤而走险将会越来越艰难。

链接农场

　　网上贷款经纪人的前身其实是一些简单的链接农场网站。这些网站很快就设立起来，有些具备基本的分类能力，用户可根据自身融资需求缩小搜索范围。在搜索出结果之后，用户将被引导到贷方联系人的链接列表。

　　不论有效与否，这些链接农场网站的经营模式是网站运营商因用户通过其网站进入了贷款人网站而向贷款人收取费用。如果在此基础上贷款成交，那么运营商会从贷款人处收取更高的费用。对网站运营商来说，关键点是找到一个和用户搜索关键词相似的域名，以此获取大量的流量。例如起一个"BusinessLoans. com"之类的网站名。

　　对于没有这样明显名称的网站，经营者必须做搜索引擎优化（SEO），使得自己更容易被搜索出来，否则用户只能搜到有明显名称的网站。尽管这些策略基本上被 Google 无效化了，但前期还是有很多方法可操作，以获得较高的搜索结果排名。

　　正是通过这些努力，各种网站开始增加解释性内容，旨在帮助借款人了解可用融资的本质。有些网站提供了摊销计算器、应用技巧，以及其他信息，为用户提供价值，并给搜索引擎留下更深的印象。

206

增值资源

网站平台在不断创新，所以更多更好的线上资源将不断出现只是时间问题，为小企业主提供服务获得资本。在这一领域有三个不同的领导者，各自都有截然不同的价值主张，为寻求融资的小企业主带来申请整理、交易渠道以及战略指导等功能。

这些功能对没有经验的小企业主可能是无价的。这些企业主不知道如何确定谁是对他们项目最适合的资金提供者。更糟的是，这些企业主往往在不知道自己需要什么样的投资人或融资方案的情况下就开始搜索。

服务提供商提供的服务各具特点，但通常这些网上资源的服务范围非常广泛，从按照贷款人的标准筛选搜集申请数据，到通过准备商业计划和贷款申请来实际指导企业主。普通的企业主使用这些专业的服务提供商可以在便宜的费用下加速资金的搜索。

为了更详细地解释这些服务提供商的具体业务，可以有三个参考名称来分别描述这些创新者给企业主带来价值的三种方式。这三种方式分别是增强型自我导向、配对和申请顾问。

对于许多用户来说，这三种类型的公司表面上看上去都非常相似，他们的主要服务都旨在链接企业主和资金源。区分他们的是他们的附加价值和其他属性。

增强型自我导向

Biz2Credit.com 是一个在线经纪公司，提供了一个优越的面板，以帮助用户获得正确的路径寻找信贷。满屏幕的图标是用来描述各种业务贷款品种，如创业贷款，专营权贷款，女性企业贷款等。多数链接被重定向到下一个相同的网页页面，但这是无关紧要的，这种分类给了企业主信心，认为自己走在正确的轨道上。

另外，企业主可以选择通过指明其行业在同一页面开始搜索，他们可以从下拉列表的专业领域选择。这些领域，如医生、餐馆、注册会计师、酒类专卖店等，可能正在通过赞助贷款人而被特定的客户端搜索。

然后，用户被引导到一个需要四个主要应用信息数据统计的页面：

1. 贷款申请金额

2. 从业年限

3. 年收入

4. 预计信用评分

有了这些数据，网站根据贷款人的参数来给出贷款人建议的排序。

这些网站对借款人的帮助资源是值得注意的，如业务发展规划和 BizAnalyzer。商业计划是在三个层面提供的，这取决于用户的需要，从小额贷款所需要的（要求的价格），到高达 100 万美元（售价 1100 美元）的企业贷款，再到高达 500 万美元的企业收购贷款（售价 1875 美元）。

根据所购买的计划，它会带给你一个月的免费薪资处理和信用报告。需要的成立公司吗？鼠标一点，加上 299 美元手续费和申请费，网站就会替你处理一切。

BizAnalyzer 报告从大多数借款人如何反应的角度，提供了关于某些申请人统计数据的一致性观点，以及在付费后向企业所有人提供能够获取更详尽（可信的？）信息的一个便利性链接。该报告包含了对包括 Equifax，Symantec，Dun & Bradstreet 以及 The Company Corporation 等公司资源的直接链接。

该公司的商业模式显然是从所有的辅助服务中收取介绍费，同时在某种程度上作为贷款人代表也是从 3500 个贷款人中收取佣金和费用，还有第三方信息销售所产生的佣金。

网站上还有其他可用的资源，如对不同的贷款类型的详细信息，词汇表，州商业信息，以及包含相当长的话题列表的有深度的博客库。除了博客，这些资源是相当肤浅的，对用户会有不同的价值，也许也提供了足够的信息，以为用户指明方向。

配对

另一家在线经纪商，Lendio. com，有一个简单的网站，专注于直接匹配用户和贷款人，这些人对某一方面的贷款感兴趣。在许多方面，它们就像商业贷款版的 Lending Tree。

借款人被要求在进行初始申请时提供数据说明自己的资质，同时网站整理出一个可能感兴趣的贷款人列表，以及利息成本范围。有了这些信息，网站会将借款人信息排序，将他们引入一个感兴趣的贷款人列表。联系信息会直接提供给用户。

根据所披露的信息，该网站使用了更先进的技术，把企业主更准确地引导至最可能的融资解决方案。网站的既定目标是为每一个企业主提供至少四个贷款方案。该网站的商业模式整合了各种盈利方式，具体取决于贷款人搜索客户的积极程度，以及他们选择的支付方式。

有些贷款人支付更多的前期付款，从而让更多申请人看到自己，或提高自己被推荐的频率。有些在成交后根据成交量的某个百分比支付更高的费用。还有些贷款人支付月租费，其他的根据交易的种类在三种方式下各支付少许。

并没有对企业主收费。这个网站背后有很多资源，包括各种贷款产品的详细描述和一些州的金融行业信息。但网站的核心思想在于尽快得到申请人的相关资料，并与贷款人的数据库进行比对，最终实现配对的目的。

申请顾问

最后，第三大网贷中介提供了一种不同的方法。该类网贷中的一家公司叫 Boefly.com，由以前的小企业贷款人建立，提供了一个独特的平台，吸引有共同目标的更多的参与者，链接企业拥有者和资本。也许他们的优势就是他们一开始就比同业者对小企业贷款有更深刻的理解。

这家公司为企业主提供免费的发布申请信息的权利，像其他中介网站一样，这些申请会被筛选匹配到它的贷款人网络上。不同的是，这个服务平台提供更加强大的咨询服务，帮助用户分析其融资需求可行性，可以通过三个选项使用网上现代工具强化企业的申请。

基本选项（249 美元）提供一个在线申请模板的入口，然后将申请者上传的信息转换成可读形式，并以数字方式转移到合适的贷款人那里。增强的"高级"版（699 美元）附加电话在线支持，和一个一对一的申请评估咨询，以帮助增加获得资金的几率。

最后，最令人印象深刻的是"全套服务"（1499 美元），公司团队会提供申请打包服务，并为借款人配有金融分析和商业计划，收取一年的固定费用。该计划还承诺与匹配的贷款人更深入的接触机会。

这公司不仅为企业业主提供了一个寻找融资的场所，更有利于其他经纪人访问网站，从其声称的 3600 个贷款人网络中寻找贷款人。这些经纪人具备一定的在线工具，帮申请人准备申请，还能访问很多其他的后台技术以支持其业务。

经纪人服务是包月收费的，另外按照每笔交易再额外收取小额费用。当他们使用黄金服务时（99 美元/月 + 25 美元/笔交易），经纪人按照借款人诉求，寻找合适的贷款人。白金服务（149 美元/月 + 10 美元/笔交易）提供 Boefly 的员工现场支持，提供交易反馈，为关注交易状态的贷款人提供电话支持接口。

贷款人还可以通过每月的订阅获得 Boefly 市场工具的使用权。还有一个对于贷款人的免费选项，可以将贷款人引入一个平台进而了解借款人的偏好，但有每月最多三个交易推荐的限制。高级贷款人选项（99 美元/月）提供一个借款人资料页，可以比其他免费的贷款人提前 48 小时获取交易信息，并具有将借款人推荐给其他贷款人的能力。

最后，精英贷款人选项（250 美元/月）提供了另外两个计划的功能，而且这些贷款人可以访问 Boefly 的贷款销售市场，无论是作为买方还是卖方。

也许后面这些功能才能真正展示公司创始人的独到之处。Boefly 还通过为有意购买贷款的投资者提供一个平台来扩展其市场。投资者可以订阅 250 美元/月的服务来与所有的贷款人去联系。

对政府担保的小企业贷款领域有经验的读者应当熟悉由美国小企业管理局（SBA）和美国农业部（USDA）担保的贷款销售市场。还有很多其他的贷款和投资组合待售，但是 Boefly 平台提供了一个新的选项：直接在买方和卖方之间安排贷款销售，并不通过证券经纪人。

其他网上资源

在出现网上贷款经纪人之前，有一家网站叫做 FTrans. com，专门提供银行服务，包括将资产抵押贷款产品引入社区银行。在一位经验丰富的金融服务软件大师和一家主流社区银行的共同努力下，他们建立了一个后台数字贷款管理平台，将帮助小银行克服专业和成本壁垒，为小企业提供资金帮助。

还有第二个好处，一些银行只进行小额贷款，抵押品只有针对那些疏于监督的应收账款或库存的总括留置权。在 FTran. com 的帮助下，这些银行可以开始更好地监督这些抵押资产，提升风险管理水平。通过链接服务平台和公司会计软件，贷款人可以更密切地实时关注借款人的行为。

也许是因为大萧条或者缺乏远见，银行家并未涌向这些产品，而种种迹象都表明他们提供了一个价廉高效替代方案，可以在监控借款基础和企业账户方面节省很多劳动力。目前该服务仍然存在，并有 80 家银行在使用。社区银行仍然在寻找生存的竞争优势，而这个平台在未来数年可能成为更有前途的选择。

同时，FTrans 正在扩张业务，为企业提供直接融资，而这些客户通常都是社区银行介绍的。

• • •

在 Google 出现之前，有人会问这个世界上的问题都是由谁回答的。那么在网上贷款经纪出现之前，信贷申请都投向哪里了？这两家网站当中，一家声称每个月能收到大约 500 万美元的商业贷款申请，而另一家则声称已经为借款人融资 10 亿美元以上。对于存续时间不到五年的企业来讲，这都是非常可观的数字。

其中一个网站称，85% 的申请都有至少一个贷款源匹配，而60% 至 70% 都被批准。基于大多数贷款人的通过率，这个数字似乎是非常成功的。

但对于所有这些网站都面临着同样的挑战：客户获取。请记住，贷款经纪人争夺客户，而他们的服务对象贷款人也在直接营销客户。而贷款人寻找借款人的主要参数，如从业年数、最低贷款规模和 FICO 评分，都可能在一夜之间随时改变。

我们也可以猜测，这些贷款人在使用网上经纪人的时候，肯定要比自己直接营销客户提出更高的要求。并且使用经纪人的成本，最终肯定会转嫁到客户端。

第11章 创新对银行贷款意味着什么？

那些读到这里还依然没有找猎头的读者大可放心，银行业依然会按照原来的路劲发展。那些小型的信贷公司和社区银行也会经受住这些变革的考验，并且随着小微企业融资市场的发展，后续能创造出一些明显的优势。

前方还会有大的冲击和转变，竞争也会更残酷，只有那些愿意拥抱改变并提升自身价值的银行才会越来越好。不过，拥抱改变可能更多地意味着适应而不是引导，信贷市场领域的大量创新来源于那些希望减少融资监管的非银行企业。发表于 2013 年 4 月的文章《银行业的未来——以及为什么不由银行决定》的作者曾指出：

在全球范围内，银行业每天都在发生着变化，而且银行也不再是驱动创新的主体了。举个例子，从某种标准看，星巴克咖啡可能是美国存款量最大的 200 家银行之一，在 2012 年他们提供的储值卡总共价值有 30 亿美元。谷歌和亚马逊也准备在它们各自的市场为用户提供融资。在经济发展的另一极，肯尼亚现在 31% 的 GDP 流量都是通过 M-Pesa 完成的，这个系统如此简单，在一台普通的诺基亚手机上就能完成，不再需要实体银行网点了。[①]

---

① Anil Stoker, "The Future of Banking—and Why it Won't Be Determined by Banks," Small-Business. co. UK, www. smallbusiness. co. uk/financing – a – business/business – banking/2347068/the – future – of – banking – and – why – it – wonand39t – be – determined – by – banks. thtml（2014年1月2日）.

对于银行业未来的预测方面还有很多不确定性，例如银行业的整合将会进行得多么深入？经济增长是否可以达到预期，何时达到？未来全球化和创新将会如何影响银行业？

竞争（再次）侵蚀了银行的小型企业贷款份额

对于过去 40 年不断失去小型企业贷款市场份额的商业银行而言，他们分到的蛋糕越来越小。这可能是由于这些银行选择利润更高的业务，或是为了实现进一步机构发展而调整业务结构。

由于 20 世纪 80—90 年代的管制放松使新的竞争者大量涌现，进一步缩小了银行市场份额。后来，银行开始利用高利润的证券化手段发起、捆绑和销售贷款，这样就可以不用一直与那些小本生意打交道了。

现在，创新仍在继续，或将加速下一轮银行市场份额侵蚀的到来。创新是一个广义的词汇，涵盖到达目的地的很多路径：

• 使用旧系统的新方法，例如信用卡运营商将商户收入的划款路径绕过银行至商户贴现服务公司，于是产生了 MCA 业务。MCA 能够给予商户未来的收入预期为商户提供融资服务。

• 贷款人寻找借款人，借款人提出信贷申请，贷款人做出信贷决策，以及贷款人发放贷款等都可以通过技术平台完成。

• 通过改变传统方法，利用创新手段将社区资本转移到商业活动，例如礼品赠送、"你买我就做"的创新方法、P2P 贷款和权益销售等形式。

• 把投资者直接和第三方应收/付账款联系起来，可以从小企业以一定的折扣来购买此类第三方账款。

• 通过使用商户处理模型，在不需要追索权的情况下以固定费用购买第三方应收/付账款。

- 通过技术把企业和供应商联系起来，通过策略性折扣销售发票来进行运营资金管理。

- 利用税法为企业创造自筹资金选择，使用他们自己的退休储蓄来支持企业发展。

- 对仅存在于其他技术网络空间的公司提供资本融资。

- 以未来预期收入的某个百分比进行还款，且采用开放式还款期限的融资方式。

在将来，肯定还会有更多的创新。

侵蚀什么时候结束呢？银行作为小企业贷款人是否将成为婴儿潮时代企业家的美好回忆，就像银行存折和保管箱一样？不一定。

如果估计准确或甚至是保守性估计，这个新兴行业在小企业融资方面所剥离的 1000 亿美元仍然只是银行借贷市场的一小部分。而且这部分市场，即便在没有这些创新贷款人出现的时候，银行也基本上不会去碰触。银行在向小企业提供资金方面非常受限，其中的根本原因——资本成本。

FDIC（联邦存款保险公司）承保的存款可以让银行部门获得很大比例的国家货币供给。创新的投资者群体会在接下来 5 ～ 7 年内产生市场领导者，取得足够的盈利能力，以借方的身份通过银行间接获得该资金。贷款人融资将成为贷款人唯一需要的筹资方式，因为对他们来说通过股权融资和贷款转卖成本过大，会压缩利润空间。

事实上，这些创新贷款人的不断创新会加大银行对小企业融资市场的参与力度（尽管是间接的），参与方式是通过不断成长的贷款人融资和银行对创新型贷款人进行的间接投资。这些资产不会以小企业贷款的形式出现在银行的财务报表上。

本国很多大银行已经采取这种方法。本书的背景信息提供方——美国银行、BB&T、五三银行、摩根大通银行、RBC 国民银行、富国银行和美国进出口银行就是为创新资本供应商提供资金的大型银行。不管是通过贷款人融资、贷款证券化出售还是权益融资方式，都已经有大型的投融资交易发生，为这些创新的业务提供燃料。

涉及多少资金？一个 MCA 方介绍他们以 1000 万到 5000 万美元的份额销售 3 亿美元的贷款人融资额度。通过该信息，我们可以了解到对该产品的兴趣、贷款质量以及对该市场感兴趣的银行之多。

虽然大银行会通过为创新型贷款人方提供融资而获利，但小型社区银行切实面临着小企业融资市场份额被侵蚀的挑战。虽然创新型贷款人提供大部分贷款，是银行无法触碰到的，但偶尔也会有例外。这些例外，对于创新型贷款人来讲，是昂贵的和丧失的业务机会，银行争夺这些业务是迫于寻找生息资产和创造手续费收入的压力。

相比创新型贷款人，银行与客户的关系更近，有能力以更快的方式对市场机遇做出反应，他们如何能更快地对这些机会做出响应，以及大多数企业业主在寻求贷款时还是会先去银行。考虑到上述情况，或许社区银行应该开始更加关注这个创新的行业了。

银行能提供资金的（但是不会提供）与不能提供资金的（但是会提供）

小企业似乎很受政策制定者的欢迎。也许没人能说出前往白宫林肯客房的 Dunkin Donuts（唐恩都乐）的主人或者干洗店经营者的名字，但是，大多数总统候选人竭尽所能地颂扬创业精神和小企业的重要性。当然，这种热情在当选之后就立刻偃旗息鼓了。

银行对待小企业的态度也很类似。虽然大多数银行会把小企业贷款业务在财务报表当中单列出来表示强调，且银行会不择手段与小企业搞好关系，但他们之间的业务关系是爱恨参半。这就像分行一样——有时你可能觉得分行数量不够多，有时你则想抛弃大多数分行。

银行的小企业贷款市场份额缩水的部分原因在于银行自身，他们的策略是避免向该部门提供贷款，而大力推广交易账户、资金管理业务和其他金融服务。此类有关借贷的决策通常基于策略、经济或风险管理因素，并且非常合理。

针对大银行而言，小企业贷款的发起和管理效率低下。大银行的结构有异于小型社区银行，对于大银行来讲，通过与小企业主见面的形式拓展业务会显得十分笨拙。大银行能够主持"联合之路"活动和投放最多电视广告，这些是小型的、更加灵活的竞争者所无法媲美的。小型社区银行顶多参加一下本地房地产管理局会议或出席一下商户开张仪式，还要花费多年工夫与业务推介来源维护好关系。

且不论贷款的发起，大银行可能觉得小企业贷款的承销很有挑战性，因为其组织和信贷审批权限更集中。为了争取平均金额仅为 60 万美元的贷款而下放信贷审批权限效率太低。因此，不在该市场发放贷款，而应当把资源用于中型企业市场营销、CRE 和其他业务。

但是，在避开小企业贷款后，这些大银行可能错过了一个良好的、利润很高的市场，该市场可能有很多的银行业务需求。在贷款之后，还会有存款和其他服务。大银行不去做他们天生该做的业务，即在小企业银行业务方面占绝对领先地位，让很多潜在客户和政策制定者很疑惑。

答案很简单，坐在分行办公桌后面的信贷员向小企业提供贷款非常麻烦，且通常不符合大银行的信贷文化。

但是，正相反，我们看到很多大银行投资于这个被普遍不看好的业务。在过去 10 年，整个国家都在辩论薪日借贷的问题。该业务涉及非银行公司基于将来的薪水来向消费者提前支付现金——通常以 100 美元为单位。

垫款期限通常为几天，收取固定金额的费用，就像是 MCA 的业务模型。可以预测，由于垫款久期较短，如果基于 APR（年利率），消费者所需支付的费用为 100% 到 1000% 以上。

该借贷渠道未受到管制，因为它们不是贷款，不同的州立法机构通过立法要么禁止该业务，要么欢迎该业务。消费者谴责过高的费用以及所导致的信用成瘾，而这些公司则赚取了很高的利润。虽然有很多大型连锁薪日借贷公司，还有成千上万的本地基金，全国有 22000 多个。

根据该业务的最大反对者负责任贷款中心，[①] 相关统计数据还是很难看的：

- 典型的两周发薪日贷款的年利率是 391% ~ 521%。
- 每两周滚动一次的发薪日贷款占所有薪日借贷量的四分之三。
- 不断发放的发薪日贷款每年可产生 35 亿美元的费用。
- 非重复贷款仅占薪日借贷量的 2%。
- 发薪日借款人每年平均有 9 次交易。
- 发薪日贷款业务中，90% 的业务量是由借款 5 次以上的借款人产生的，60% 的业务量是由每年借贷 12 次以上的借款人产生的。

谁是这个部门的主要投资者？商业银行。就像 MCA 部门一样，银行投资了大量的贷款资金池、信用额度和证券化贷款，他们引起了很多政策制定者和消费者保护提倡者的公愤。

类似地，MCA、地契预付、当铺、私人汽车贷款和硬通货贷款等方式，为银行提供了间接提供资金的渠道，而避免了直接发放高成本贷款。

---

① "Fast Facts—Payday Lending," ResponsibleLending. org, www. responsiblelending. org/pay-day – lending/tools – resources/fast – facts. html（2014 年 1 月 6 日）.

为什么银行不直接提供这些贷款呢?因为银行是受管制的,而薪日借贷和 MCA 借贷一般是在高利贷范围的。另外,针对小企业贷款,银行仍然面临着规模的问题,这意味着由另外一家公司完成筛选业务的重活累活对银行来讲会更加节省成本。

最后,如果他们的支行里到处都是愿意花高价购买信贷的低收入消费者和高风险企业业主,银行还要冒声誉风险。

他们通过间接方式提供资金,但不会直接发放贷款。通过间接借贷,这些银行可以免去发起此类贷款的成本(花费和声誉),并通过贷方融资信用额度赚取更高的利息——并且资产组合的表现有担保人保证。

最好的防御仍然是进攻

可以把创新借贷部门分销的 1000 亿美元资金视为敲响的警钟。通过产生各种新想法、技术和渠道,把资金提供给除了信用卡基本上很难获得贷款的小企业业主,该扩展不仅仅是金钱的民主化。这是经济刺激,其中,银行业被私人投资者抢先一步——一些投资者投资了数百万美元,一些投资了 25 美元、50 美元或 100 美元。

但是,很少银行注意到这一点,更不要说感受到这部分融资格局改变带来的效果。到目前为止,创新贷款人只是抓住了简单易得的业务。如果更多的小企业不再携带老化、未支付发票去银行办理他们输不起的业务时,创新借贷会迎来更多的市场。

如果创新贷款人可以通过提供 3 万美元左右的、300 多个 NAICS 分类(北美工业分类系统)的贷款而获得高利润,且面临的贷款损失/冲销水平与受监管的商业银行类似,那么很明显,他们升级到银行所重视的贷款级别要比银行降级到更小规模贷款容易得多。如果这些创新贷款人未获得银行执照或跟持有 SBA 执照的小企业借贷公司（SBLC）合并，在政府担保的借贷市场里它就会对社区银行造成更大的威胁。

不应该忽视这个创新部门，银行——尤其是小银行——应该将在线贷款网站视为市场，来购买表现良好的资产。与其他证券一样，此类资产购买提供的收益率要好于大多数银行业务的净利息收益率。

这些可能性值得银行认真考虑。银行不需要花钱与贷款人打一局高尔夫或雇用更多员工，并且发放贷款的信用报告由他人提供。

的确，银行需要对贷方进行尽职调查。它需要开发信用指南、设置信贷权限、制定规章制度和监督机制，而大多数存活下来的银行很擅长这方面的工作。当然还有一个问题是购买这些贷款资产是否符合银行的CRA，但是，如果针对特定地区，可以提供自动化分析来监测结果。

从创新借贷/融资市场购买贷款的提议的运作方式如下：

• 依据信用风险、贷款规模、行业体量/集中度、地理位置和风险敞口，银行信贷管理层来判断银行的理想资产组合应该是怎样的。

• 银行通过直接管理访谈和文件回顾来审查该创新行业最具吸引力的参与者。需确保信息安全、承销标准、资产组合表现、定价、欺诈发现和平台访问。银行需研究独立的信息来源，以了解信誉风险、法律问题或其他障碍。

• 需制定内部政策，以描述精确的风险限制以及理想的贷款范围，包括客户资料、行业、地点、贷款规模、定价以及信誉评估系统。

• 需确定审批权力和决策程序，以授权相关人员来实时做出决策。需确定每日、每周和每月的敞口限制。需确定文件和记录程序，这样可以充分记录所有购买/预付。

• 不是约定午餐会见，授权贷方可以审核贷款池、个人交易或者甚至小企业发票以进行实时购买。银行可以发出通知即刻开放或关闭阀门，这意味着通过快速地增加或减少可用贷款供应，资产负债表管理层的工作变轻松很多。

该策略的优点很吸引人，成本更低、产品开发更快，融资的回报更好。银行可以不断地测试，但是，应该从发起者那里获得准确的历史数据，这样可以进行大量分析。基于银行规模，很多这种贷款购买——均为小额贷款——很可能不会被管理部门发现。

很多银行可能对依靠不同的承销计划、投资于昂贵债务，并用一个电子文档而不是直立文件柜去存放申请记录的想法嗤之以鼻。还有些银行也不愿意考虑在完全不了解公司商业计划情况下的商业贷款。

商业计划书？拜托，别装模作样了：其实绝大多数银行家几乎不看商业计划书。没错，商业计划书只是清单上的一项，执行总结也几乎只是快速阅读罢了。但是，事实上，大多数企业所有人写作水平都不高，大多数银行家也写不出结构完善的商业计划书，连中等水平也达不到。

银行仍拥有最多的客户和最低成本的城镇资金

创新型放款机构和资助机构，不论出于何种目的，就是那些不受监管的银行。这一事实有积极的一面也有消极的一面。它们没有同样多的监管者和条条框框。他的运营在云端，其成本大大降低，他们的技术促使他们摆脱了两百多年文案工作的传统。

但是，创新型放款机构和资助机构受制于商业银行业紧握的两大最有价值的资产：廉价资金和大量受过灌输、训练有素的客户。前者在有生之年不可能改变，而后者将逐渐消失。

我们生存的世界已经大大地数字化，在笔记本电脑、平板电脑以及移动设备上都有所体现。而许多30岁以上的人，虽然已经开始聚集资产，开始创业，但仍没有把数字化平台与商业贷款联系起来。一项佩珀代因大学的调查显示，超过三分之二的企业所有人首先去银行申请贷款，尽管他们中的大多数知道很难获得批准。

时间和更多的技术调整将改变这种模式，但是，现在更多的人在银行门前排起长队，想要获得信用，浏览网页信息的人却很少。大多数贷款人都遇到过不少除了银行不知道去哪里借钱的借款人。问题是，他们在银行可能借不到钱，只能到别的地方寻求贷款。

企业家们通常更加关注其所处企业的经营。因为绝大部分企业家，在企业经营时，贷款次数不会超过5次，所以他们在这方面不会有太多经验。但是他们的的确确了解，寻求资金首先考虑的是银行。

即使大多数商业贷款者们在计算机前排队获得信用，但还是存在筹资问题。非银行放款机构和资助机构两者都需要获得资金以满足其需求。而且要在没有储户的情况下，要么出售股票，要么出售贷款，要么获得银行信用。虽然需要支付保险费，但是后者显然最经济实惠。

Josh Koplewicz，"赛耶街合作伙伴"的创始人，曾指出：

利用互联网发起贷款的新兴企业爆炸式地增长。因为其准入限制低，创业者可获得几十万贷款。但是除了像放款俱乐部这样的大型机构，想要在没有借款者参与的境况下，创造企业价值是非常困难的。[1]

即使如今这个时代，大多数创新型企业想要获得利益仍遥遥无期，原因是其高昂的资金筹措成本或者为了营业额，牺牲必要贷款

---

[1] Randal Smith，"Not Banks, but Still Lending Money and Drawing Investors，" DealB% k，2013 年 8 月 7 日，http：//dealbook. nytimes. com/2013/08/07/not－banks－but－still－lending－and－drawing－investors/.

出售。没有坚实的盈利基础，转变为银行的贷款人融资部是非常困难的。因此他们不得不将一大部分利润用来购买资金，这将是一个难题：高昂的资金筹措成本导致企业不盈利，企业不盈利导致了廉价的银行贷款。

出现在该行业的另一个有趣的问题是，尽管那些创新型筹资企业拥有看似无限的投资能力，但是所有这些企业似乎都争抢客户。对他们中的多数来说，由于多种因素，寻找贷款已经成了问题。原因包括许多企业所有人对企业扩张缺少信任。

新的在线放款机构数量每月都在增长，这就意味着随着更多的参与者加入共享市场，每个人获得的利益就少了，而这一市场的增长似乎并不快。甚至更多的访问者访问放款俱乐部的网站以寻求借款人，但借款人却供不应求。

现在，很少企业所有人能在竞价战中获益，但如果新进入市场的贷款人将低成本作为自己的卖点又会如何？一部分线上贷款人已经在尝试削价竞争了。

如果银行将这些情况与佩珀代因大学关于银行拒绝 73% 的贷款申请的调查数据进行比较的话，就会找到一条解决方案。简单的解决方法是，把这些被拒绝贷款的客户推介给线上贷款人并收取推介费，这样就能把难堪的统计数据转换为生息资产。

还有一个更好的主意。因为最具创新型的放款机构和资助机构使用支票账户数据形成贷款决定，但是要记住谁持有这些数据（提示：持有者可能是银行业）。对于银行来说，通过北美工业分类系统代码，用数字计量其客户的企业支票账户活动非常简单。拍卖所得企业的领先地位给创新型放款机构和资助机构也很容易。

接下来是什么？人格回归、可选支付方式增加、还有……

有没有人注意过，过去 10 年来网页下方字幕的变化？大约 2006

年的时候，传统的网站有主页，所有链接直接与其相连。信息被限制在"分割线上方"，这就是说用户不能下滑浏览任何内容。主页包括整齐排放的按钮和链接，以供查找。访问者还可以直接浏览其他信息。

截至 2009 年，这种安排方式已经过时，尤其是有数十张、上百张网页的网站，其主页看起来就像外语报纸那样难以捉摸。新的动态网页可以让访问者直接跳过主页和其他麻烦的点击，访问他们想要访问的网页。次主页变得跟主页一样精细，用户就可以更加深入、快速访问。

使用平板电脑浏览网页再一次改变了主页的设计，主页变得可以滚动很长距离，其他网站的信息可以通过两三个不同的链接按键进行访问。这些按键分布在顶部、底部和主要内容边缘。滚动浏览网页很酷，因为这就是平板用户浏览网站的方式。终有一日，平板电脑必定会取代笔记本电脑。

银行业没有什么太大的改变，科技的进步就发生在眼前，了解到更多大型网络工程都在建设当中，这是多么令人着迷啊。在哪里停止呢？谁说会停止？提前关注这些会持续在企业贷款市场加大影响的改变，已经成为一种理念，一种潮流。

评估人格

放款者必须历经数年的艰辛，才能找到对潜在贷款人人格的正确衡量方法。其中之一是人们常用的"五个 C"。通过信用报告或者 FICO 个人信用评级分数来衡量一个人先前的信用历史已经足够了。这种衡量办法可以剔除一些申请者，但是并不能真正反映一个人的道德素养。人格测试是持续的，某人想要还账时会进行记录，经济状况不好时，测试会更加严格。

FICO 个人信用评级分数只不过能够确定申请的人从来没有过不

良行为记录。但很多信用分数结果良好的人却在经济状况不好的情况下人格糟糕的个人。

依赖这种简单的衡量方法已经逐渐过时了。因为一些信息服务公司正在开展行为分析，他们提供了更加具体的个人信用预测资料，根据特定的特点，更加准确地评估了个人的人格。

这是如何衡量的？我们已经从各种地方收集了信息，其中有购物的商店、乘坐的交通工具、聊天的内容、书信的内容、阅读和浏览的内容、捐款和资金支持的去向，甚至包括受到管制的地方。ProPublica 提供了小部分数据和资源，这些数据是在 2013 年一篇名为"我们知道关于你的所有事"[①] 中收集到的。

据估计，超过 1600 个不同的数据位可以在个体中收集，包括基本身份信息、身体特征、个人兴趣、工作历史、喜欢的类型、爱好和用手习惯等。显然，银行家们会避开任何敏感数据的评估，否则会引起个人不满。但是其他没有计数的数据对于个人的分析具有很大的意义。

这些模型什么时候可用？有人已经从企业家金融实验室发布了，是哈佛博士工程的重大突破[②]。该企业开始的时候使用心理测量来预估个人未来的行为，已经在 16 个没有信用部门的国家开始使用了。如今，已经有超过 7 万多家小型企业加入了该测试，以达到信用评级。

这篇文章详细阐述了该模型如何使用算法程序，提出不需要正确答案的问题。该文章旨在基于答案之间的相关性，预测个人是否

---

① Lois Beckett, "Everything We Know About What Data Brokers Know About You," *ProPublica*, 2013 年 9 月 13 日，https：//www. propublica. org/article/everything – we – know – about – what – data – brokers – know – about – you.

② Sarah Wheaton, "Credit Score, by Multiple Choice," New York Times, 2013 年 12 月 30 日，www. nytime. com/2013/12/31/business/credit – scores – from – a – test – not – a – history. html？_ r = 0.

可能在回答这些问题中违规。

例如，评估个人对于不良后果的自控能力。该问题与偿还贷款有所联系。参与者可能会被问到他们同不同意以下论述："我相信命运的力量。"

另一个问题是关于风险忍耐力。他们会被要求在相同社会理想状态下，两个完全相反的回答中做出选择。比如在"我对每种后果都有相对应的计划"、"我在两者之间"或者"我从来不做计划"选择。

同样的问题却有意想不到的发现：经验丰富的企业家大多是乐观者和自信者，但是大多数年轻的企业所有者，数据显示，结果并不理想。

数学和推理问题旨在衡量一个人的流动智力，也能评估一个人在贷款工作人员面前是否正直。答对的题目越多就越能体现申请者受到良好的教育。[①]

除了这些类型的平台，其他一些慢慢熟悉的名字，包括 Experian、Equifax 和 TransUnion。而他们很多都已经提供了一些信用评分模型，用来分析信用报告和一些有限的环境数据，以等待"谁放贷，谁回避"的消息公开。

现金替代物

历史上商业贷款人对付款和资金转移一直兴趣不大，他们很乐意将那些留在房子的另一侧。但是，越来越多的用于促进资本的流动和储存的颠覆性技术，可能在未来几年内对贷款人产生影响。

贷款人将需要有能力理解并有信心找到多样的新方法使商人们

---

① Sarah Wheaton，"Credit Score，by Multiple Choice，"New York Times，2013 年 12 月 30 日，www. nytime. com/2013/12/31/business/credit – scores – from – a – test – not – a – history. html？_ r = 0.

产生付款并储存他们的现金。资产负债表将开始列出新的科目甚至新比重，现金账户，那些很少与支票账户相关的现金科目以及其他科目能够容易地被银行家确认。

举例来说，考虑两种发展迅速的人们用来存储价值和转移支付的方式：

- PayPal：这种另类现金服务非常有名，是在互联网零售店和他们的客户当中，使得移动支付便利化的具有颠覆性的早期技术。即便没有美国联邦存款保险的支持，PayPal 拥有上百万用户储存了几十亿美元。现在，能够及时获得资金的便利使得 Uber、个人交通服务、Home Depot 那样的零售商开始出现，都将 PayPal 作为销售点的支付手段。

- 比特币：这可能是近几年兴起的最古老的发明，比特币是一种由几个匿名的工程师发明新型的电子货币。在一个听起来像它一定是从 B 级片开始的故事里，比特币是从一个每 10 分钟释放一部分比特币的网络里"开采"的，直到 2100 万比特币的有限供给耗尽。

他们是如何产生价值的呢？谁发行、规定或者是控制比特币呢？实际上，比特币的一部分目的以及吸引投资者的特征就是这种货币是完全不受政府控制而使用的。比特币是通过一系列认证代码而进行电子化交易的。其价值理论上是在完全市场化中实现的，通过投资人之间的交换来产生，而不受任何货币政策的管制。

下一个好主意是什么？

对于任何经历了过去 20 年大变革时代的读者而言，这些不同种类的发明确实是一种变革。如果企业领导经验能像其他大多数行业一样拥有持续的技术创新，变化的步伐在未来几年只会增加。当然，与监管银行体系相对应的完全不受监管的影子银行系统是存在的，并且在不断发展。获得资本的途径变得更加容易、快速，并且更专注于小商业市场中的小商机。这些变化为企业主引导了新的资金来源，他们将享受到资金来源越来越多的大杂烩。

但是随着更多机会的涌现，更准确的评估模型可能会在最短的时间内通过或者否决拨款申请。由投资人而不是银行家传送的基于风险的定价和资本，将意味着借款人会对资本付出更高的代价，至少到市场中出现更广阔的竞争才会缓解。

所以，下一个好主意将会是什么呢？eBay 还是 CRE 借款？预先核准、自动生成的 SBA 担保？Google 给您发放的基于评估您付款账单的贷款凭证？我们只能猜测。但可以确定的是，每天都在产生的高科技将快速地改变小商业基金的生态，在未来几年中将对借款人和投资者产生巨大影响。

本章注释

1. Anil Stoker, "The Future of Banking—and Why it Won't Be Determined by Banks," SmallBusiness.co.UK, www.smallbusiness.co.uk/financing-a-business/business-banking/2347068/the-future-of-banking-and-why-it-wonand39t-be-determined-by-banks.thtml (accessed January 2, 2014).
2. "Fast Facts—Payday Lending," ResponsibleLending.org, www.responsiblelending.org/payday-lending/tools-resources/fast-facts.html (accessed January 6, 2014).
3. Randal Smith, "Not Banks, but Still Lending Money and Drawing Investors," DealB%k, August 7, 2013, http://dealbook.nytimes.com/2013/08/07/not-banks-but-still-lending-and-drawing-investors/.
4. Lois Beckett, "Everything We Know About What Data Brokers Know About You," *ProPublica*, September 13, 2013, https://www.propublica.org/article/everything-we-know-about-what-data-brokers-know-about-you.
5. Sarah Wheaton, "Credit Score, by Multiple Choice," *New York Times*, December 30, 2103, www.nytimes.com/2013/12/31/business/credit-scores-from-a-test-not-a-history.html?_r=0.
6. Ibid.

有关本书的同步网站

为进一步深入了解书籍内容，我们提供了一些额外资源——创新型放款人和服务提供者的在线数据库，网址是 www.wiley.com/gp/bankersguide（密码：green14）。

与书中的分类一致，这些资源被分为以下几类：商业放款人，众筹，P2P 放款人，商家现金预付公司等。列表包括联系方式和服务提供商的简要描述。

上述数据库通过编辑各种行业资源、可提供资金和其他金融服务的公司和个体信息，逐步建立完善。

下载 .xlsx 或者 .pdf 格式的列表，并请关注后续的更新。

译者后记

  积极推进大众创业、万众创新，是我国推动经济结构调整、打造发展新引擎、增强发展新动力、走创新驱动发展道路的重要途径。小企业作为我国经济发展的生力军、就业的主渠道、创新的重要源泉，无疑是承载大众创业、万众创新战略的核心主体。然而，近年来，虽然金融支持小企业发展的措施越来越多，力度逐步增强，受惠面有所扩大，但小企业"融资难、融资贵"等现象依然没有得到有效缓解。这不仅降低了实体经济发展的活力，蚕食了小企业薄弱的利润空间，而且也不利于国家稳增长、转方式、调结构、促改革、惠民生目标的实现。

  实际上，小企业融资难题并不是一个单纯的金融现象，而是与经济结构、企业融资结构、社会融资文化等高度相关的一个经济现象，需要社会方方面面共同努力去解决。商业银行是目前我国融资活动的主要中介，无疑需要在缓解小企业融资困难方面承担更多责任、发挥更大作用。但是，在许多商业银行看来，小企业特别是创新型小企业具有天然的弱质性，信息不透明，缺少可用于抵质押的资产，缺乏有效的风险识别机制，因此，商业银行通过传统的信贷业务很难有效满足小企业的融资需求。为此，商业银行必须加快融资创新的步伐，一方面要创新融资方式，探索通过"股权＋债权"的投贷联动、风险投资等模式，为小企业提供有效的融资支持，并能以股权收益弥补信贷资金风险损失，分享企业成长的收益；另一方面要把握信息科技革命时代的科技进步机遇，充分利用大数据、

230

云计算、互联网等新兴技术手段，为小企业提供更高效的融资服务。

查尔斯·H. 格林先生是一位在小企业融资领域具有丰富理论和实践经验的银行家，他的这本《银行小企业融资的创新指南》著作，为我国商业银行如何做好小企业融资服务，提供了一份全面、全新的工作指南。本书描述了传统银行业为小企业提供融资服务的发展脉络，指出了后金融危机时代小企业融资领域的新变化和新趋势，并结合这些新变化与新趋势，详细阐述了银行家应该如何通过融资方式、融资产品、融资流程和技术应用等方面的创新和进步，来为小企业提供优质的金融服务，并从中获取自身收益的最大化，真正实现银企之间的双赢。

正是基于本书在提高小企业融资效率、解决小企业融资困难等方面蕴含着诸多真知灼见，尤其是对于破解我国商业银行面临的小企业"融资难、融资贵"等难题，具有重要的理论价值和实践意义。因此，在紧张和繁忙的日常工作之余，我们仍然饶有兴趣并全身心投入地将本书翻译给大家，希望我们的工作对我国商业银行做好金融支持小企业发展能够有所裨益。当然，由于水平和视野所限，尽管我们为翻译工作投入了大量时间和精力，但译文中的疏漏和不当之处仍在所难免，敬请读者们多多批评指正。